진로취업 멘토링

| 주석진 · 권수혜 · 김세광 · 이나핼 · 김미애 공저 |

Career & Job mentoring

학지사

머리말

최근 들어 진로취업 교육에 대한 요구의 증가로 대부분의 대학이 대학생들의 진로취업을 적극 지원하고 있다. 하지만 일반적으로 대학 내 취업 지원 기구를 통해 일회성 프로그램을 제공하거나, 진로취업 교과를 운영하고 있더라도 대부분 일반교양(선택)으로 진행되고 있을 뿐더러 내용도 일반적인 기초 직업 능력 중심으로 구성되어 있어 실제 전공 관련 진로취업 지도에는 한계가 있는 실정이다. 이에 이 책은 전공 교육과정에서 효과적인 진로취업 지도가 이루어지는 데 도움이 되는 내용을 최대한 많이 제시하고자 하였고, 이러한 취지에 따라 대학생들의 성공적인 진로취업을 돕는 교과목 개발에 뜻을 함께하는 다양한 분야의 전공 교수가 집필에 참여하였다.

이 책은 총 4부로 구성되어 있으며 합리적인 취업 준비 과정(자기이해–직업 탐색–기업 분석–실전 취업 준비)을 기준으로 작성되었다. 제1부는 자기이해를 다루고 있으며, 자기인식, 대인관계와 자기이해, 진로 로드맵의 내용으로 구성되어 있다. 제2부는 진로 탐색과 설계를 다루고 있으며, 진로 탐색하기, 진로 의사 결정하기, 진로 설계와 학습 관리의 내용으로 구성되어 있다. 제3부는 직업 세계의 이해를 다루고 있으며, 직업의 이해, 직무의 이해, 직업과 직무의 탐색의 내용으로 구성되어 있다. 제4부는 실천 취업 전략을 다루고 있으며, 취업 인맥 구축과 기업 분석 전략, 임팩트 있는 자기소개서 및 이력서 작성 전략, 호감을 주는 취업 면접 및 이미지메이킹 전략으로 구성되어 있다.

이 책은 저자들이 교육현장에서 경험한 내용과 기존의 다양한 진로취업 관련 문헌을 토대로 대학생들에게 꼭 필요하다고 판단되는 내용을 중심으로 선택적으로 구성하였다. 하지만 교수자가 학습자의 상황에 맞게 적절히 수정 · 변형하여 활용해도 괜찮을 것으로 사료된다. 일관성 있는 책의 집필을 위해 저자들이 여러 차례 만남과 의견 교환의 시간을 가졌지만, 막상 집필을 끝내고 나니 부족한 점이 많이 보인다. 부족한 부분은 추후 계속해서 보완해 나갈 것을 다짐하며, 모쪼록 대학생들의 진로취업 지도에 유용하게 활용되기를 바란다. 끝으로 이 책의 출판을 맡아 주신 학지사 김진환 사장님과 편집을 위하여 수고하신 편집부 직원들에게도 감사의 말씀을 전한다.

2018년 8월

대표 저자

주석진

차례

제2부 진로 탐색과 설계

제3부 직업 세계의 이해

제 1 부

자기이해와 진로

제1장 자기인식

제2장 대인관계와 자기이해

제3장 진로 로드맵

“대학생 대표에게 청춘의 미래를 묻다”라는 주제의 대담에서 대학생 대표들은 “대학을 졸업해도 정규직이 되기 힘들고, 대다수는 비정규직으로 살아가게 된다”고 하였고, 또한 “우리 사회에 대학을 졸업한 학생들이 안정적으로 취업할 수 있는 일자리가 부족한 것이 가장 큰 문제”라고 지적하였다. 지금 대학생들이 고민하는 현실적 문제는 등록금 부담 외에도 주거 및 생활비 문제, 아르바이트 환경 문제 등 고민거리가 너무 많다(단대신문, 2012. 4. 12.). 이와 같은 문제적 상황에서 결국 대학생들이 찾을 수 있는 대안은 ‘어떻게 살아갈 것인가’보다 ‘무엇을 할 것인가’를 명확히 하는 것이다. 따라서 정확하고 빠른 진로 설정과 이에 맞는 준비를 체계적으로 하는 것이 무엇보다 필요하고 중요하다. 이에 제1부 자기이해에서는 대학생들이 자신의 진로를 찾기 위한 기본 원리로서 자기이해에 대해 살펴보도록 한다.

제1장에서는 자기인식을 토대로 대학생들의 진로 결정을 돕기 위해 우선 스토리텔링을 활용하여 자기의 가치를 인식하도록 돕는다. 이어 제2장과 제3장에서는 4차 산업혁명의 시대에 필수적으로 요구되는 공동체를 구성할 수 있는 힘의 근원으로서 대인관계를 통한 자기인식을 다룬다. 구체적인 활동방법으로는 조해리의 창과 유대인들의 토론방법인 ‘하브루타’ 방식을 활용한 질문기법으로 자신과 대인관계에 대한 점검과 자기이해를 돕도록 한다.

제1장 자기인식

"자기인식이란 자기 자신의 가치나 믿음으로 구성되는 핵심에 대해 알고 스스로의 행동이나 성향을 이해하는 것을 의미한다. 이러한 자기인식은 개인의 믿음, 행동, 태도, 반응을 포함한 자아를 분석하는 데 도움을 줄 수 있으며(http://ko.wikihow.com) 또한 개인이 정서적, 사회적 발달에 중요한 영향을 미친다(한국심리학회, 2014).

한 사람이 직장인으로서 자신이 원하는 직업을 가지고 그 일을 효과적으로 수행하기 위해서는 자신에 대한 이해를 전제로 장기간에 걸친 치밀한 준비와 노력이 필요하다. 즉, 직장인으로서 자신이 어떤 분야에 흥미가 있고, 어떤 능력의 소유자이며, 어떤 행동을 좋아하는지를 다양한 방법을 활용하여 종합적으로 분석하고 이해하여야 한다. 이러한 자기인식의 노력은 자아정체감을 확인시켜 주고 동시에 자기개발의 토대가 되며 직장 생활에서 개인과 팀의 성과를 높이는 데도 도움이 된다.

1. 진로 탐색과 자기인식

'진로 탐색'에서 탐색의 사전적 의미는 "감추어진 사실을 알아내기 위해 살펴 찾음"이다. 여기에서 앞으로 나아가야 할 길을 찾는 주체는 그 길을 가는 사람이다. 이에 따라 진로 탐색의 개념을 정리해 보면 진로를 결정하고자 하는 사람이 미래에 나아가야 할 길을 찾기 위해 감추어진 자신의 잠재력을 알아내고 살펴서 찾기 위한 과정이라고 볼 수 있다.

우리 주변에는 진로 탐색을 위한 다양한 방법들이 있다. 인터넷 검색창에 진로 탐색을 입력하면 무료로 자신의 진로 적성과 탐색에 관한 검사를 할 수도 있고, 진로 지도 단체와 코칭 등을 통해 진로 지도를 위한 안내도 받을 수 있다. 하지만 이 같은 일상적이고 피상적인 형식의 교육 대신 자신의 삶을 주체적으로 성찰하고 각자의 인생의 여정을 스스로 설계할 수 있는 '능동적인 진로 탐색'을 할 수 있는 역량을 소유해야 할 것이다.

2. 스토리텔링을 활용한 자기이해

일반적으로 스토리텔링은 어린이들의 소통 형식인 놀이문화 혹은 언어학, 수사학, 텍스트문법, 서사학 등의 문학연구를 통한 분석 등에 활용되어져 왔다. 1990년대 중반 이후부터 미국에서 효율적인 커뮤니케이션을 위한 스토리텔링의 중요성에 대한 필요성이 대두되었으며, 그 후 스토리텔링은 사회 모든 분야에서 각광받으며 주목받기 시작했다. 이후 디지털 시대에 이르러 스토리텔링은 매체를 통하여 광범위한 대중의 공감대를 형성하며 폭넓은 전파력을 가지게 되었다(김형석, 김성훈, 2014). 스토리텔링이 전파력과 영향력을 가진 이유는 효과적인 의사소통의 방식이기 때문이다.

이처럼 다양한 영역에서 스토리텔링이 활용되고 있지만 진로 탐색을 위해 쓰이는 경우는 거의 드물다.

스토리텔링은 이야기(story)와 말하기(telling)의 영역으로 나눌 수 있다. 의사소통(意思疏通) 차원으로 보면, 이야기는 의사(意思)에 해당하고 말하기는 소통(疏通)에 해당한다. 이야기는 자기이해의 재료이고, 말하기는 전달 과정이다. 성공적인 자기이해가 이루어지려면 두 가지가 모두 고려되어야 한다(권우진, 2011). 자기이해는 진로 탐색으로 가는 기초이며, 자기 자신에 대한 바른 인식의 결과물은 스토리텔링으로 표현될 수 있다. 각자의 영향력을 구체화시킬 수 있고 자기이해에 도움이 되는 스토리텔링은 결국 스스로 자신의 이야기를 끌어낼 수 있는 동기에서부터 시작된다. 창의적으로 다양한 형태의 스토리를 만들 수 있도록 융통성 있는 사고와, 사소한 이야기나 우리 주변의 매체들을 단순하게 바라보지 말고 이야깃거리로 접목시킬 수 있는 역량이 필요하다. 다음으로 스토리텔링을 통해 자신의 삶을 돌아보고, 미래를 설계하며, 자신을 탐색해 보는 활동을 해 보도록 한다.

Activity 1-1

■ **사물로 풀어 보는 나의 이야기**

➤ **활동 주제:** 나를 닮은 사물을 떠올려 보면서 현재 자신의 이야기를 구체화해 본다.

➤ **활동 내용과 방법**

① 자신의 신체적 특성, 성격 등을 잘 나타내어 주는 주변의 사물을 떠올려 보고 그 이유와 그 사물이 된 자신의 이야기를 쓴다.

② 두 사람씩 짝을 만들어 각자의 이야기를 나누게 한다.

③ 각자 나눈 이야기를 통해 느낀 점을 글로 정리한다.

④ 소그룹별로 활동한 것을 발표한다.

※**유의사항:** 되고 싶은 사물이 아닌 지금 현재 자신의 모습을 나타내어 주는 사물을 선택해야 한다.

나를 닮은 사물은?	
현재 나와 닮은 사물은?	
왜 나와 닮았는가?	
사물이 된 나의 이야기	

★ 두 사람씩 만나 서로의 이야기를 들려주기

–함께 나눈 이야기를 통해 느낀 점을 정리해 봅시다.

[활동 예시]

나를 닮은 사물은?	
현재 나와 닮은 사물은?	* 꽃봉오리
왜 나와 닮았는가?	* 활짝 피어난 꽃이 아닌 꽃봉오리는 나를 닮았습니다. 아직 피어나지 못한 꽃잎들이 돌돌 말려서 내 속에 있습니다. 그래서 답답하고 때로는 이대로 끝나지는 않을지 걱정하고 있는 나를 닮았기 때문입니다.
사물이 된 나의 이야기	* 나는 꽃봉오리야. 그중에서도 장미꽃 꽃봉오리지……. 아직은 활짝 피어나지 못해서 내 모습과 닮은 꽃들이 많단다. 하지만 내가 더 자라서 활짝 핀다면 어느 누구도 나를 그냥 꽃봉오리라고 부르지 못할 거야. 꼭 집어서 '장미'라고 할 날이 올 거야…….

Activity 1-2

■ 20년 후의 인터뷰

➤ 활동 주제: 20년 후의 인터뷰

➤ 활동 내용: 20년 후에 신문기자, 잡지기자, 방송기자와 인터뷰를 한다고 가정하고 그 인터뷰 내용을 작성한 후 전체 학생에게 자신의 인터뷰 내용을 발표해 본다.

➤ 활동 전략

- 자신의 현재와 미래를 연결 지어 보고, 20년 후 자신이 어떤 모습이 되어 있을지 상상해 본다.
- 20년 후 상상 속의 모습이 되기 위해 현재 자신이 해야 할 일들이 무엇인지 정리해 본다.

➤ 활동 Tip

- 20년 후의 자신의 모습을 상상하는 것은 현재의 자신의 모습에서부터 출발한다. 현재 자신이 잘하는 것, 강점을 최대한 발휘한다면 20년 후에 어떤 모습이 될 것인지 구체적으로 쓸 수 있을 것이다.
- 만약 자신의 20년 후 모습을 찾지 못해 글쓰기를 진행하지 못한다면 기간을 줄여서 질문해 볼 수 있다. '5년 후에는 어디에 있을 것 같은가?' '1년 뒤에는 어떤 모습이 되고 싶은가?' 등 구체적으로 상상할 수 있는 기간을 적절하게 정할 수 있다.

➤ 유의점

- 각자가 원하는 모습이 교사, 공무원 등 고정관념에 의해 선택한 것이라면 현실적인 인과관계를 따져서 생각을 유도해 내어야 한다. 자신의 강점, 남들과 다른 점, 현재의 생활 태도를 바탕으로 20년 후의 모습을 구체화할 수 있도록 한다.
- 이 활동의 핵심은 현재의 자신의 모습과 미래의 모습이 인과관계를 가진다는 것이다. 그러므로 자신이 현재의 모습에 기반하여 미래를 구성하고 있는지 살펴보아야 한다.

20년 후의 인터뷰	
자신의 현재와 미래를 연결 지어 보고, 20년 후 자신이 어떤 모습이 되어 있을지 상상해서 써 보기	

20년 후 상상 속의 모습이 되기 위해 현재 자신이 해야 할 일들이 무엇인지 정리해 본다.	

★ 20년 후 자신과의 인터뷰 피드백

출처: 조정래(2013). 재구성.

교수자 TIP!

스토리텔링으로 서술한 내용에 대한 피드백이 필요하다. 피드백은 각자가 작성한 활동에 대한 평가라기보다는 미래적 관점의 자신에 대한 인식을 어떻게 하고 있으며 글로 잘 표현하였는지 학생들과 교수자가 격려하고 조언해 주는 과정이며 진정한 발전을 위한 필수적인 활동이다. 작성한 스토리의 내용을 범주화하고 피드백해 줄 수 있는 간단한 질문을 정리하면 [읽기 자료 1-1]과 같다.

[읽기 자료 1-1] 스토리의 내용 범주화 항목과 피드백을 위한 질문

- 살아 있는(생기 있는) 표현인가?
- 글이 흥미로운가?
- 글이 독창적인가? (상상력, 새로운 시도)
- 글의 주제, 소재에서 독창성을 보이는가?
- 구성에 문제가 없고 이야기 전개가 자연스러운가?
- 인물(또는 학습자)의 내적 표현, 대화 등에서 논리적인가?
- 글이 진실성을 담고 있는가?
- 스토리를 구성하기 위한 노력이 보이는가?

출처: 임춘택(2013), p. 101. 재구성.

스토리텔링을 활용한 자기발견과 진로 탐색은 훌륭한 결과물을 얻는 것보다 참여자들이 자기 자신과 마주하고 자신의 길을 찾기 위해 노력하는 과정을 스스로 격려하고 학습공동체 속에서 자신과 타인을 재발견하는 활동이다. 개별 활동과 학습공동체적 활동을 함께 병행하여 자신이 발견하지 못한 것들을 새롭게 알 수 있는 시간이 될 것이다.

제 2 장

대인관계와 자기이해

1. 4차 산업혁명 시대에 필요한 인재상

4차 산업혁명(第四次 産業革命, Fourth Industrial Revolution: 4IR)은 정보 통신기술(ICT)의 융합으로 이루어낸 혁명 시대를 말한다. 18세기 초기 산업혁명 이후 네 번째로 중요한 산업 시대이다. 이 혁명의 핵심은 인공지능, 로봇공학, 사물인터넷, 무인 운송 수단(무인 항공기, 무인 자동차), 3차원 인쇄, 나노 기술과 같은 6대 분야에서 새로운 기술 혁신이다. 4차 산업혁명은 교육에도 많은 영향을 미칠 것이다. 4차 산업혁명은 물리적 · 생물학적 · 디지털적 세계를 빅데이터에 입각해서 통합시키고 경제 및 산업 등 모든 분야에 영향을 미치는 다양한 신기술로 설명될 수 있다. 물리적인 세계와 디지털적인 세계의 통합은 O2O(Online To Offline)를 통해 수행되고, 생물학적 세계에서는 인체의 정보를 디지털 세계에 접목하는 기술인 스마트 워치나 스마트 밴드를 이용하여 모바일 헬스케어를 구현할 수 있다. 가상현실(VR)과 증강현실(AR)도 물리적 세계와 디지털 세계의 접목에 해당될 수 있다(https://ko.wikipedia.org).

4차 산업혁명은 제품의 전 생애주기에 걸쳐 전체 가치사슬 창출을 조절하고 조직에서 새로운 차원이 펼쳐지는 것으로 유비쿼터스 모바일 인터넷, 더 저렴하면서 작고 강력해진 센서, 인공지능과 기계학습 등이 특징으로 제시되고 있다(김인숙, 남유선, 2016). 이런 접근은 미래 세상을 바꾸는 미래 기술로서 인공지능, 로봇공학, 사물인터넷, 자율주행자동차, 3D프린팅, 나노 기술, 생명공학, 재료공학, 에너지 저장기술, 퀀텀컴퓨팅 등 과학기술을 강조하고 있다. 상호 연결된 기술과 다양한 플랫폼을 기반으로 한 사물과 인간을 연계시켜 가치 판단을 통한 예측과 상황에 따른 맞춤의 역할을 수행하는 것을 의미한다(김영학, 2016).

한편, 조상식(2016)은 실제의 사회 진화론적 변화 양상을 적극적으로 수용하면서도 안정적인 교육철학적 방향과 기조를 유지하는 원칙으로서 신(新) 목적률(New Teleonomy)을 제안하였다. 협업, 토론과 합의, 집단적 창발성, 협업적 네트워크, 개방적인 주도 문화와 소수 문화 사이의 호혜적 관계, 가치의 상호 주체성 등은 예측불허로 급변하는 미래 사회에서도 지속 가능한 교육철학적 원칙이 될 수 있다. 이는 미래 사회가 보여 주는 다원성, 맥락성, 가치 불일치, 다문화성, 개인주의, 조망 불가능, 불확실성 등과 같은 심대한 도전에도 불구하고 교육목표가 딛고 있는 가치의 구성적 기반을 확고히 하는 원칙의 역할을 할 수 있다고 본다. 4차 산업혁명의 시대를 극복하기 위해서는 개인의 역량에만 의존해서는 안 된다. 인적네트워크를 통한 협업의 과정을 활용할 수 있는 지혜가 필요하다. 이를 위해서 이 장에서는 자신과 타인을 연결하는 방법을 모색해 보고자 한다.

2. 조해리의 창으로 자신과 타인을 인식하기[1]

1) 자아 구성 요소

자아(自我)는 자기 자신, 즉 '나'를 일컫는 말이다. 또한 스스로 자신의 존재를 인식하고, 타인과 자기 외부에 대해서 판단하고 행동하는 독립체라고 할 수 있다. 자아를 구성하는 요소는 학자마다 다르게 분류하고 있는데, 이는 자아가 환경이나 교육에 따라 변화하기도 하며, 여러 차원의 복잡한 구조를 가지고 있기 때문이다. 자아는 대표적으로 자신의 내면과 외면으로 나누어 구분해 볼 수 있다.

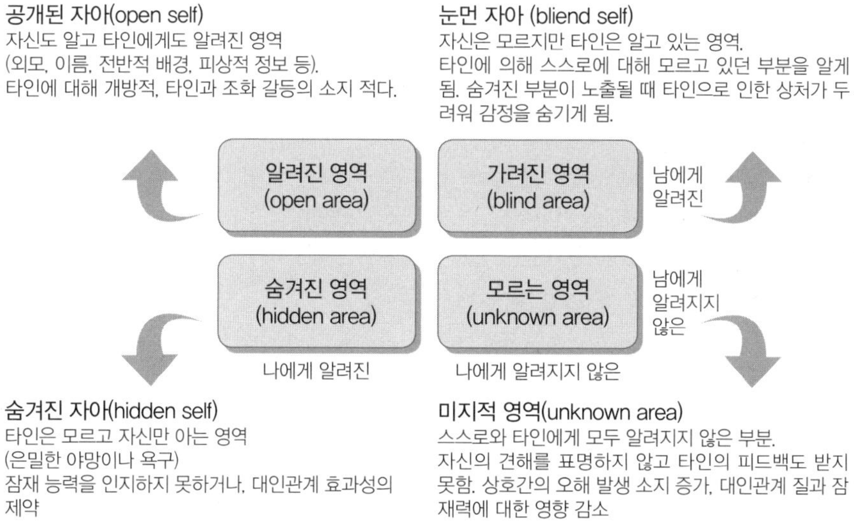

[그림 2-1] 조해리의 창의 자아 구성 요소

출처: http://kiyoo.tistory.com/391

---

1) 메이트월드-오픈러닝서비스(http://www.matew.com/) 수정 · 보완.

조셉과 해리라는 두 심리학자에 의해 만들어진 '조해리의 창(Johari's Window)'은 자신과 다른 사람의 두 가지 관점을 통해 파악해 보는 자기인식 또는 자기이해의 모델이다. 조해리의 창을 통해 보면, [그림 2-1]과 같이 자신을 공개된 자아, 눈먼 자아, 숨겨진 자아, 아무도 모르는 자아로 나누어 볼 수 있다. 이처럼 보다 객관적으로 자신을 인식하기 위해서는 내가 아는 나의 모습 외에 다른 방법을 적용할 필요가 있다.

2) 자아를 인식하기

자아를 인식하는 방법 중에 자신을 스스로 아는 것은 객관적으로 알 수 없는 한계를 지니기도 하지만 다른 사람이 알 수 없는 내면이나 감정을 알 수 있다는 특징을 가진다. 다음과 같은 질문을 통해 직업인으로서 '내가 아는 나'를 확인할 수 있다.

-나의 성격에 있어서 장단점은 무엇일까?
-내가 원하는 직업을 갖기 위해 부족한 능력은 무엇인가?
-내가 관심을 가지고 열정적으로 하는 일은 어떤 것이 있을까?
-나는 어떤 목표를 가지고 있는가? 이것들은 가치가 있는가?
-나에게 직장 동료가 있다면 그들은 어떻게 행동하는가?
-내가 오늘 하고 있는 일(직장, 학교 등)을 그만둔다면, 나는 어떤 일을 새로 시작할까?

3) 다른 사람과의 커뮤니케이션

자신이 보는 자신의 모습을 주관적 자아, 남이 보는 자신의 모습을 객관적 자아로 분류하기도 한다. 자신이 보는 자기와 남이 보는 모습이 일치할수록 사람들은 그만큼 다른 사람들과의 의사소통이 쉬워지고 마찰이 적어질 수 있어 안정된 성격을 유지할 수도 있다. 반면, 다른 사람이 보는 자신의 모습이 자신이 보는 자신과 다를수록 의사소통이 어려워지고 마찰 가능성이 높아질 수도 있다. 다른 사람과 대화를 하게 되면 내가 간과하고 넘어갔던 부분을 알게 되고, 다른 사람들은 나의 행동을 어떻게 판단하고 보고 있는지 보다 객관적으로 알 수 있다. 주변 사람들과의 대화는 내가 몰랐던 내 자신을 발견하는 중요한 수단이 되기도 한다.

다음과 같은 질문을 통해서 '타인이 아는 나'를 확인할 수 있을 것이다.

-나의 장단점을 뭐라고 생각하시나요?
-나를 평소에 어떤 사람이라고 생각하시나요?
-당신이 창업을 한다면, 나와 함께 일할 생각은 있으신가요? 그 이유는 무엇인가요?
-나의 첫인상은 어떠했나요?

Activity 2-1

■ 조해리의 창을 열어~!! 대인관계와 자기인식 점검하기

다음은 인간관계에서 나타날 수 있는 일반적인 행동 양식입니다.

각 항목이 자신의 행동 양식을 얼마나 잘 나타내는지를 1에서 10점까지 점수로 표시해 봅시다.

문항	그렇지 않다 그저 그렇다 매우 그렇다
1. 나는 잘 몰랐을 경우에는 이를 바로 인정한다.	1 2 3 4 5 6 7 8 9 10
2. 나는 다른 사람의 잘못을 지적할 필요가 있을 때에는 직접 말한다.	1 2 3 4 5 6 7 8 9 10
3. 나는 납득하기 어려운 지시를 받을 경우 지시한 이유를 물어본다.	1 2 3 4 5 6 7 8 9 10
4. 나의 의견에 대해 남들이 어떻게 생각하는지 물어본다.	1 2 3 4 5 6 7 8 9 10
5. 나는 느낌을 솔직하게 표현한다.	1 2 3 4 5 6 7 8 9 10
6. 나는 다른 사람의 감정을 존중한다.	1 2 3 4 5 6 7 8 9 10
7. 나는 걱정거리가 생길 경우, 터놓고 의논한다.	1 2 3 4 5 6 7 8 9 10
8. 나 혼자 이야기를 계속하여 남을 짜증 나게 하지 않는다.	1 2 3 4 5 6 7 8 9 10
9. 나는 진심으로 남의 이야기를 들어 준다.	1 2 3 4 5 6 7 8 9 10
10. 나는 아이디어를 권장하고 대화를 독단적으로 끌고 가지 않는다.	1 2 3 4 5 6 7 8 9 10
11. 내 잘못을 숨기거나 남의 탓으로 돌리지 않는다.	1 2 3 4 5 6 7 8 9 10
12. 나는 다른 사람의 충고를 잘 받아들인다.	1 2 3 4 5 6 7 8 9 10
13. 나는 달가운 일이 아니어도 남들이 알아야 할 사항이라면 알려 준다.	1 2 3 4 5 6 7 8 9 10
14. 남의 의견이 나와 다를 경우, 나의 생각을 말하고 함께 검토한다.	1 2 3 4 5 6 7 8 9 10
15. 나는 말하기 거북한 내용을 거리낌 없이 말한다.	1 2 3 4 5 6 7 8 9 10
16. 나는 변명을 하지 않고 비판에 귀 기울인다.	1 2 3 4 5 6 7 8 9 10
17. 나는 있는 그대로를 나타내며 가식이 없는 편이다.	1 2 3 4 5 6 7 8 9 10
18. 나에게 찬성하지 않는다고 남의 마음을 상하게 하지 않는다.	1 2 3 4 5 6 7 8 9 10
19. 나는 다른 사람에게 그들의 생각을 발표하도록 권장한다.	1 2 3 4 5 6 7 8 9 10
20. 나는 확신하는 것을 굽히지 않고 말한다.	1 2 3 4 5 6 7 8 9 10

번호	1	2	5	7	11	13	14	15	17	20	총점(S)
값											
번호	3	4	6	8	9	10	12	16	18	19	총점(L)
값											

출처: http://onetego.tistory.com/357

Activity 2-2

■ 그래프에 결과 그리기

S와 L의 총점을 아래 그래프에 가로와 세로로 그려 봅시다.

* S: 자기공개의 정도 / L: 타인과의 원활한 피드백 정도

[활동 예시] 개방형 그래프

총점S: 59점, L: 73점이 나왔다면 다음 그림처럼 그래프를 그릴 수 있다.

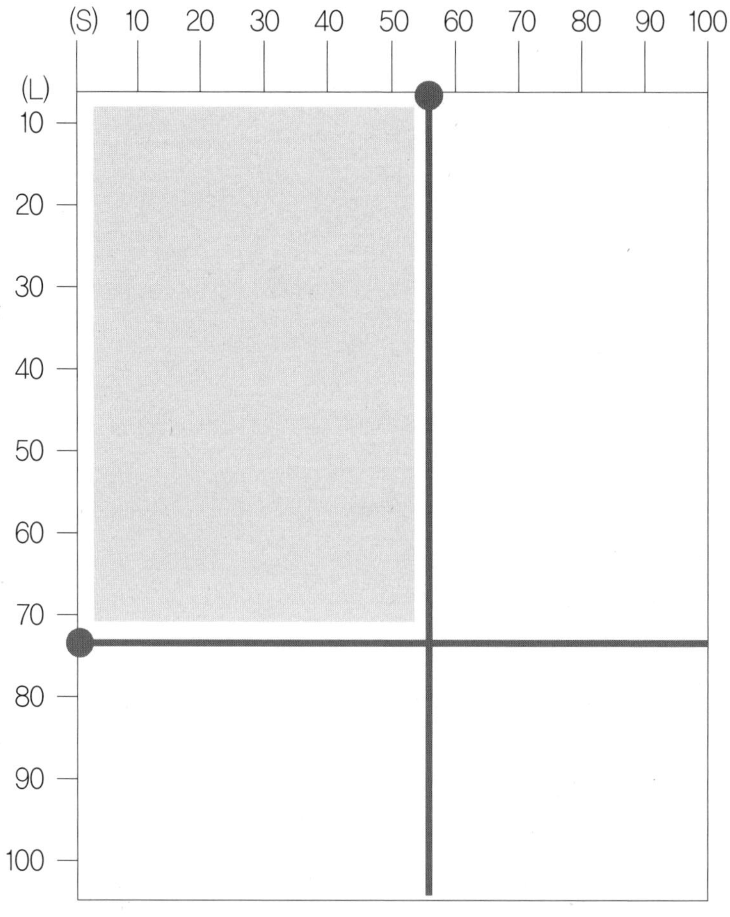

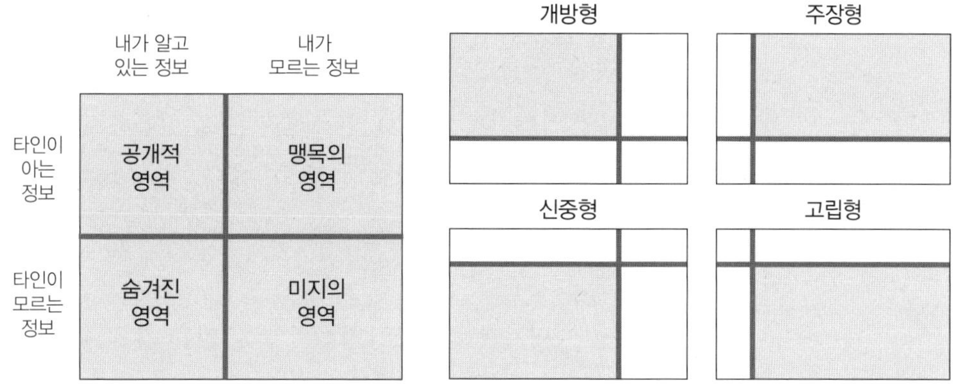

[그림 2-2] 조해리의 창의 대인관계 패턴 양식

출처: http://m.blog.daum.net/goog_news/1365

〈Activity 2-2〉의 [활동 예시]에 나타난 그래프처럼 S와 L의 점수에 따라 그래프의 형태는 [그림 2-2]와 같은 네 가지 유형으로 정리된다.

① 개방형으로서 공개적 영역이 가장 넓은 사람이다. 개방형은 대체로 인간관계가 원만한 사람들이다. 이들은 적절하게 자기표현을 잘 할 뿐만 아니라 다른 사람의 말도 잘 경청할 줄 아는 사람들로서 다른 사람에게 호감과 친밀감을 주게 되어 인기가 있다. 그러나 지나치게 공개적 영역이 넓은 사람은 말이 많고 주책스런 경박한 사람으로 비칠 수도 있다.

② 자기주장형이다. 이들은 자신의 기분이나 의견을 잘 표현하며 나름대로의 자신감을 지닌 솔직하고 시원시원한 사람일 수 있다. 그러나 이들은 다른 사람의 반응에 무관심하거나 둔감하여 때로는 독단적이며 독선적인 모습으로 비쳐질 수 있다. 자기주장형은 다른 사람의 말에 좀 더 진지하게 귀를 기울이는 노력이 필요하다.

③ 신중형으로서 숨겨진 영역이 가장 넓은 사람이다. 이들은 다른 사람에 대해서 수용적이며 속이 깊고 신중한 사람들이다. 다른 사람의 이야기

는 잘 경청하지만 자신의 이야기는 잘 하지 않는 사람들이다. 이들 중에는 자신의 속마음을 잘 드러내지 않는 크레믈린형의 사람이 많으며 계산적이고 실리적인 경향이 있다. 이러한 신중형은 잘 적응하지만 내면적으로 고독감을 느끼는 경우가 많으며 현대인에게 가장 많은 유형으로 알려져 있다. 신중형은 자기개방을 통해 다른 사람과 좀 더 넓고 깊이 있는 교류가 필요하다.

④ 고립형이다. 이들은 인간관계에 소극적이며 혼자 있는 것을 좋아하는 사람들이다. 다른 사람과 접촉하는 것을 불편해하거나 무관심하여 고립된 생활을 하는 경우가 많다. 이런 유형 중에는 고집이 세고 주관이 지나치게 강한 사람도 있으나 대체로 심리적인 고민이 많으며 부적응적인 삶을 살아가는 사람들도 많다. 고립형은 인간관계에 좀 더 적극적이고 긍정적인 태도를 가질 필요가 있다. 인간관계의 개선을 위해서는 일반적으로 미지의 영역을 줄이고 공개적 영역을 넓히는 것이 바람직하다.

Activity 2-3

■ 내가 아는 나를 확인하기

– 나의 성격에 있어서 장 · 단점은 무엇인가?

– 내가 원하는 직업을 갖기 위해 부족한 능력은 무엇인가?

– 내가 관심을 가지고 열정적으로 하는 일은 어떤 것이 있는가?

– 나는 어떤 목표를 가지고 있는가? 이것들은 가치가 있는가?

– 나에게 직장 동료가 있다면 그들은 어떻게 행동하는가?

– 내가 오늘 하고 있는 일(직장, 학교 등)을 그만둔다면, 나는 어떤 일을 새롭게 시작할까?

■ 다른 사람이 아는 나를 확인하기 (일대일 인터뷰로 진행)

– 나의 장 · 단점을 뭐라고 생각하시나요?

– 나를 평소에 어떤 사람이라고 생각하시나요?

– 당신이 창업을 한다면, 나와 함께 일할 생각은 있으신가요? 그 이유는 무엇인가요?

– 나의 첫인상은 어떠했나요?

제3장

진로 로드맵

"이 세상에 가장 중요한 것은 내가 '어디'에 있는가가 아니라,
'어느 쪽'을 향해 가고 있는가를 파악하는 일이다."

-올리버 웬델 홈즈

제3장 진로 로드맵에서는 각자의 진로의 방향을 찾아가 보는 과정을 다양한 활동으로 탐색해 보고자 한다. 이를 위해 유대인의 토론 방식인 '하브루타'를 진로 로드맵을 구성하기 위한 활동 방식으로 적용하였다. 이와 더불어 참여자의 능동적이며 주도적인 활동을 통해 자신의 진로로 향하는 길목에서 각자가 가야 할 길을 모색해 보고자 한다.

1. 하브루타와 진로

하브루타(havruta)는 친구를 의미하는 히브리어인 하베르에서 유래한 용어로, 학생들끼리 짝을 이루어 서로 질문을 주고받으며 논쟁하는 유대인의 전통적인 토론 교육 방법이다. 유대교 경전인『탈무드』를 공부할 때 주로 사용되는데, 나이와 성별, 계급에 차이를 두지 않고 두 명씩 짝을 지어 공부하며 논쟁을 통해 진리를 찾아가는 방식이다. 하브루타는 소통을 하며 답을 찾아가는 과정 속에서 다층적으로 지식을 이해하고 문제를 해결할 수 있다는 장점이 있다. 하나의 주제에 대한 찬반양론을 동시에 경험하게 되므로 이를 통해 새로운 아이디어와 해결법을 이끌어 낼 수도 있다(박문각 시사상식편집부, 2014).

이에 하브루타는 학습, 인간관계 능력 개발, 진로 활동 등 다양한 목적을 가지고 활용될 수 있다. 그 가운데서도 하브루타를 진로 활동에 적용한다면 타인과 상호작용하는 과정에서 자신의 모습을 객관적으로 인지하고 서로의 역량을 발견하는 데 도움이 될 수 있을 것이다.

2. 하브루타 진행 방법

하브루타 학습은 질문하고 자신만의 답을 찾아가는 탐색 과정에 몰두시키는 학습자중심 학습법이며, 짝을 이루어 질문하고 질문에 가장 좋은 해답을 구하기 위해 질문과 대답이 꼬리를 물고 이어지는 질문중심의 협동학습의 한 방법이다. 하브루타 학습은 교수자와 학생, 학생과 학생이 정답이 아니라 질문하고 답변하고 반박하는 토론과 논쟁적 대화로 자신의 사고와 관점을 탐색하게 한다. 하브루타에 활용할 수 있는 교육 자료는 우리 삶을 둘러싸고 있는 모든 종류의 사물과 텍스트, 이미지, 미디어 등이 될 수 있다.

하브루타의 1단계는 텍스트의 표면적 의미와 깊이 내포된 뜻을 파악하기 위해 집중해서 듣고 요지를 정리해서 자기 언어로 이야기하는 것이다. 텍스트에 대한 상대방의 주장에 대해서도 마찬가지이다. 텍스트의 내용과 하브루타가 된 짝의 주장을 자신의 말로 요약해서 명확하게 표현하는 것은 학습 효과를 높인다. 자신의 언어로 번역할 수 없다면 제대로 이해하지 못한 것이다. 하브루타의 2단계는 그러한 이해의 토대 위에서 질문하고 문제를 제기하면서 논의와 토론의 핵심과 논점을 집어내는 것이다. 하브루타의 3단계는 어떤 근거로 텍스트의 의미나 상대의 주장에 지지하고 동의할 것인지, 아니면 맹점과 한계를 비판하고 반박할지를 선택하는 것이다. 이러한 하브루타 학습은 제자와 스승의 수직적 관계가 아니라 상호 반박과 토론이 가능한 동등한 수평적 관계에서 두 사람이 서로 배우고 가르치면서 텍스트 이해와 상호 이해를 심화시키는 과정이다(최석규 외, 2016).

Activity 3-1

■ 이미지를 활용한 진로 설정 하브루타

① 그림을 보고 제목과 질문을 만들어 보기
② 두 사람씩 짝을 만들어 각자 만든 질문에 서로 답해 보기
③ 서로 만든 질문들 중에서 가장 핵심적인 질문이 무엇인지 선택하고 전체 발표하기

질문 유형	질문 내용
사실질문 예시	운동화 앞에 놓인 표시는 무엇인가?
사실질문	
상상질문 예시	내가 만일 그림의 주인공이라면 어떤 생각을 하고 있을까?
상상질문	
적용질문 예시	자신이 내린 결정 중에서 제일 훌륭한 결정을 한 것은 무엇인가?
적용질문	
종합질문 예시	그림의 내용으로 스토리를 만들어 본다면?
종합질문	

■ [활동 활용가이드] 하브루타 질문 만들기 방법

1. 사실	사실	~이 ~ 인가	행동	누가 / 무엇을/ 어떻게 했나?
	의미	~는 무슨 뜻인가?	결과	어떤 일이 일어났나?
2. 상상	느낌	너의 느낌은?	비교	어떤 차이가 있나?
	의견	너의 생각은? / 너의 선택은?	장단점	어떤 점이 장점이고 단점인가?
	가정	만일 ~가 ~ 였다면?	방법	어떻게 하면 좋을까?
	원인	왜 ~했을까? ~원인은?	감정	어떤 마음이었을까?
	생각	어떤 생각이었을까?	가치	어떤 것이 중요할까요?
3. 적용	선택	너(나)라면 어떻게 행동/선택을 할 것인가?		
	판단	너(나)는 ~기 적절한 행동이라 생각하는가?		
	가치	너(나)에게 중요한 것은 무엇이며, 어떻게 살 것인가?		
4. 종합	가정	내가 ~라면 ~할 것인가?		
	변경	내가 주인공이 되어 이야기를 다르게 만들어 보기		
	요약	간단하게 요약해서 정리해 보기		
	느낌	전체 이야기, 그림을 보고 난 느낌을 정리하기		
	가르침	가장 많이 떠오르는 생각과 나에게 주는 가르침은?		

출처: 권영애(2017). 수정 · 보완.

Activity 3-2

다음 톨스토이의 원작『바보 이반』을 읽어 보자.

옛날 어느 마을에 부유한 농부가 살고 있었다. 농부에게는 4명의 자식이 있었는데 큰 아들 군인 '세묜', 둘째 아들 배불뚝이 장사꾼 '타라스', 셋째 아들 바보 농부 '이반', 넷째 딸 벙어리 '말라나야'였다. 자식들이 장성하면서 아버지는 세 아들들에게 자신의 재산을 공평하게 3분의 1로 분배한다. 세묜과 타라스는 집을 떠나서 독립한 이후 각각 사치스런 귀족의 딸과 상인의 딸과 결혼하게 되었는데, 세묜은 아내의 사치를 감당하는 것에 대한 부담감, 타라스는 더욱 부자가 되고 싶은 욕심 때문에 아버지를 찾아와서 남은 재산을 달라고 말한다. 아버지는 남은 재산은 이반의 몫이라고 말하지만 두 형들은 아무것도 모르는 바보인 이반과 벙어리인 말라니야가 재산을 가져 봐야 무엇 하냐고 고집을 부린다. 이에 이반은 흔쾌히 형들에게 자신의 몫으로 남아 있던 재산들을 반씩 주고 홀로 집에서 농사를 짓고 부모님과 여동생을 보필하면서 살아갔다.

한편, 지하에서 살아가던 악마는 이들 삼형제가 서로 싸우지 않고 지내는 것에 화를 낸다. 그래서 자신의 부하들인 작은 악마 세 마리를 보내서 이반 형제들의 사이를 나쁘게 만들 것을 명령한다. 작은 악마들은 삼형제를 모두 망하게 만들어서 서로 모이게 만들고 싸우게 한다는 계획을 세우고 한 명씩 맡기로 한다. 먼저 세묜은 호승심을 불러 놓아 괜한 전쟁을 벌이게 한 다음 대포알에 물을 적셔서 못 쓰게 만들어서 전쟁에 지게 만들고, 타라스는 욕심을 불러 놓아 물건들을 잔뜩 사들이게 한 다음 그것들을 모두 못 쓰게 만들어서 채무자들에게 쫓기는 신세로 만들어 버린다. 세묜과 타라스는 계략에 말려들어서 그동안 쌓은 지위와 부를 잃어버리고 만다.

반면, 이반은 작은 악마들의 계략에 걸리기는커녕 오히려 평소 하는 대로 나서면서 세 마리를 모조리 역관광[1]시켜 버린다. 그리고 작은 악마들은 이반에게 목숨만은 살려 달라고 싹싹 빌면서 그 대가로 먹으면 어떠한 병이라도 낫는 풀뿌리, 짚단을 군사로 바꾸는 힘, 나뭇잎을 비벼서 금화로 만드는 힘을 이반에게 전해 준다. 물론 이반은 바보였기에 풀뿌리를 제외하면 다른 것들은 진짜 활용법을 몰랐고, 군사들은 노래를 부르는 데 쓰고 금화는 장난감으로 쓰면 괜찮을 것 같다면서 좋아한다. 아무튼 이반이 만족해하면서 목숨을 살려 주자 작은 악마 세 마리는 모두 땅속으로 구멍을 파서 도망치고 두 번 다시 나타나지 않는다.

망해 버린 세묜과 타라스는 이반의 집에 돌아와서 재기할 동안 신세를 지기로 했으며 물론 두 형 모두 이반이 일할 때에 도움 하나 주지 않았다. 어느 날 이반은 마을에서 열린 잔치에서 작은 악마들에게 선물 받은 힘을 이용해서 사람들에게 금화를 뿌리고 군사들에게 노래를 부르는 재주를 보인다. 이 소식을 들은 세묜과 타라스는 이반에게 부탁해서 자신들이 원하는 만큼의 군사와 금화를 잔뜩 가지고 집을 떠난다. 이후 세묜은 군사들을 동원하여서 여러 지역을 평정했고 타라스는 장사로 대성하면서 둘 모두 왕이 된다. 하지만 왕이 되고 나니 세묜은 군사들에게 줄 식비가 부족했고, 타라스는 자신의 재산을 지켜 줄 군대가 필요해져서 이반에게 가서 군사와 금화들을 더 달라고 부탁하지만 이반은 형들의 부탁을 단호하게 거절한다. 둘이 '바보 녀석'이라고 욕하면서 이유를 물어보니 이반은 세묜의 군사가 어느 여인의 남편을 죽였던 사실과 타라스가 옆집 여자가 기르던 암소를 금

1) 역관광: 상대방에게 관광을 시도하다가 역으로 털리는 상황을 일컫는 인터넷 용어.

화를 주고 억지로 가져간 것을 언급하면서, 자신이 생각했던 것과는 달리 나쁜 일에 군사와 금화를 썼다면서 형들에게 더 이상 줄 수 없다고 말한다. 이반이 고집을 부리자 하는 수 없이 돌아간 세묜과 타라스는 고민 끝에 서로가 필요한 것을 가져가서 쓰는 식으로 합의를 한다.

그 후에도 이반은 홀로 살아가던 도중 어느 왕국의 공주가 위독한 병에 걸렸는데 그녀를 치료해 주는 사람은 부마로 삼을 것이라는 소식을 듣게 된다. 마침 모든 것을 치료하는 풀뿌리를 아직 하나 가지고 있던 이반은 부모님의 말을 듣고 공주에게 가기로 결심하는데, 떠날 준비를 하던 도중 어느 손이 굽은 여자가 와서 그 풀뿌리로 자기를 치료해 달라고 한다. 이반은 그 여자에게 하나 남은 풀뿌리를 줘서 그녀를 치료해 주고 당연히 부모님은 무슨 짓을 했냐면서 탄식한다. 그럼에도 이반은 풀뿌리가 없음에도 무작정 공주를 만나러 갔는데, 신기하게도 이반이 도착하자 공주의 병이 씻은 듯이 낫는다. 왕은 기뻐하면서 이반을 약속한 대로 이반을 부마로 삼았으며 세월이 흘러 왕이 세상을 떠나면서 이반은 뒤를 이어서 왕위에 오르면서 삼형제 모두 왕이 된다.

하지만 이반은 바보였기 때문에 할 줄 아는 것이라곤 열심히 농사를 하는 것뿐이었고 정치는 당연히 못했다. 이반의 아내인 왕비는 처음에는 그런 이반을 걱정했지만 곧 생각한 끝에 아내는 남편의 말을 따르는 것이라면서 이반과 같이 농사를 하게 되었다. 이로써 현명한 사람들은 모두 바보 왕이 다스리는 곳에서는 살 수가 없다면서 떠나고, 이반의 나라에는 바보들만 남게 된다. 이들은 국왕 이반과 마찬가지로 욕심 없이 땀을 흘려 농사를 하고 서로가 서로를 도우면서 화목하게 지냈다. 한편, 악마는 아무리 기다려도 부하들의 소식이 오지 않자 땅 위로 직접 올라가서 상황을 알게 된다. 부하들이 실패한 것을 안 악마는 자신이 직접 나서서 삼형제를 파멸시키기로 결심한다. 악마는 먼저 인간으로 둔갑한 다음에 세묜에게 인도의 왕과 전쟁을 벌일 것을 부추긴다.

그리고 몰래 인도의 왕이 이기도록 지원해 준 덕분에 세묜의 나라는 망했고 국왕 세묜도 참패한 끝에 목숨만 건지고 도주한다. 그 후 악마는 상인으로 둔갑하여서 타라스를 찾아가고 온갖 물건들을 비싼 돈을 주면서 사들인다.

타라스는 처음에는 국고가 쌓인다면서 좋아했지만, 나중에 모든 백성들이 너도나도 상인에게 물건을 바치다 보니 국왕인 타라스에게 바치는 것이라고는 아무것도 없었다. 그를 쫓아내기 위해 군대를 동원했지만 상인이 돈으로 군대들까지 자신의 편으로 만들어 버리면서 타라스는 가진 것은 돈뿐이고 밥조차도 제대로 못 먹는 형편이 되면서 망해 버렸다. 이렇게 두 형들을 망하게 만든 악마는 이번엔 이반을 찾아간다.

맨 처음 악마는 장군으로 변장한 다음 이반에게 군사를 모집하라고 하지만 이반의 나라 바보 백성들은 누구 하나 군사가 되려고 하지 않았다. 백성들을 군사로 만드는 것에 실패하자 악마는 강대한 옆 나라를 찾아가서 이반의 나라를 침공하라고 부추긴다. 이웃 나라 왕은 당장 군대를 동원하여서 이반의 나라를 침공하지만 바보 백성들은 누구 하나 저항하지 않았고, 오히려 자신들이 가진 물건을 약탈을 하는 군사들에게 나눠 준다. 심지어 "당신들 나라는 살기 어려운 모양인데 여기 와서 사는 게 어때요?"라고 제안까지 한다. 분노한 이웃 나라 왕이 온 나라에 불을 지르라고 명령하는데, 바보 백성들은 저항하기는 커녕 "필요하다면 원하는 것들을 가져가면 되지, 왜 우리들을 괴롭히는 거예요?"라면서 슬퍼할 뿐이었다. 결국 무고한 사람들을 괴롭히는 것 같다면서 이웃 나라의 군사들은 그냥 돌아가 버렸다.

군사로도 안 되겠다 싶자 악마는 상인으로 변장하고 다시 이반을 찾아간다. 그리고 타라스를 망하게 했던 때처럼 이반의 나라 사람들에게 물건을 받고 금화를 주는 식으로 환심을 사려고 하지만, 타라스 때와는 반대로 이반의 나라의 백성들은 금화를 그냥 '반짝반짝거리는 예쁜 돌멩이' 정도로 취급했던 터라 결국 얼마 후에는 누구 하나 상인을 찾아가지 않아서 되레 악마가 배를 곯는 상황에 처한다. 나중에 배가 고파져서 한 남자를 찾아가서 금화를 줄 테니 빵을 달라고 하자 그 남자는 "그건 필요없수다. 혹시 빵을 동냥하려고 온 거면 마누라에게 말해서 빵을 조금 줄 테니까 기다리시오."라면서 금화를 받는 걸 거절했다. 악마는 자기에게 모욕감을 줬다면서 침을 뱉고 튀었다. … 이에 이반은 상인을 굶어 죽게 놔둘 수는 없다면서 매일 어느 한 집을 들러서 그에게 식사를 대접할 것을 명령한다.

악마는 돌고 돌다가 이반의 성에서 식사를 할 때가 되었는데 마침 그에게 식사를 대접하는 것은 이반의 여동생 말라니아였다. 그녀는 일도 안 하고 식탁에 앉아서 밥만 축내는 게으름뱅이들을 매우 싫어하여서 자신만의 게으름뱅이 판단 방법이 있었는데, 손바닥에 단단한 굳은살이 있는 사람은 일을 제대로 하는 사람이지만 그렇지 않은 사람은 게으름뱅이라는 것이다. 그렇기에 말라니아는 손바닥에 굳은살이 전혀 없는 악마에게 제대로 된 식사 대접을 안 하고 먹고 남은 음식을 주기로 한다. 이 일로 분노한 악마는 이반에게 건의하여서 바보인 백성들에게 '머리로 일하는 법'을 가르쳐 주겠다고 한다. 이반이 흔쾌히 허락하자 악마는 긴 단상 위에 올라가서 매일매일 백성들에게 머리로 일하라고 연설한다.

하지만 바보 백성들이 보기에는 악마가 하는 짓은 그냥 입으로 주절주절거리는 것뿐이었기에 누구 하나 관심을 가지지 않았고 자기들이 하던 대로 일을 했다. 시간이 흐르면서 악마는 굶주림에 시달리게 되지만 머리로 일을 한다면 머리로 음식을 만들 수 있을 것이라면서 음식을 갖다 주는 사람들도 없었다. 결국 며칠이 지나면서 지쳐 버린 악마는 비틀거리다가 넘어지면서 단상의 계단에 머리를 박으면서 추락한다. 그리고 드디어 그 남자가 머리로 일을 하고 있다는 보고가 들어오고 이반도 그걸 보러 간다. 이걸 보고 이반은 예전에 악마가 말한 '머리로 일을 하다가 심하면 머리가 쪼개질 수도 있다.'는 말을 생각하고 "오호, 그 말이 정말이었군!"라면서 감탄했다. …그렇게 계속 머리를 박으면서 떨어진 끝에 악마는 땅에 떨어지자 구멍만 남긴 채 사라졌고, 그때서야 이반은 상인이 악마였다는 것을 알고 옛날에 만났던 녀석들의 아버지가 분명하다면서 정말 지독한 녀석들이라고 질린 듯이 말한다.

이반은 오늘날까지 살아 있으며, 농사일을 하고 백성들을 돌보며 평화롭게 산다. 망해 버리면서 찾아온 형들도 받아 주고 먹여 살리기로 한다. 만약 이반의 나라에서 살기 위해 찾아온 어려운 사람들이 있으면 이반은 누구 하나 가리지 않고 부족할 것 하나 없는 자신의 나라에서 사는 것을 허락해 주지만, 이반의 나라에는 단 한 가지의 법이 있다. 손바닥이 단단하게 굳은 사람들은 식탁에서 음식을 먹을 수가 있지만 그렇지 않은 사람들은 다른 사람들이 먹고 남은 음식을 먹어야 된다.

이 『바보 이반』의 내용으로 진로와 관련된 개념 질문을 만들어 보았다.
짝과 함께 토론하여 다음 질문에 답해 보자.

사실 인지	농부의 자녀들의 직업 –첫째(세미온): 군인 / 둘째(탈라스): 가게의 점원 / 셋째(이반)와 넷째 딸(마리나): 농사일
1	당신이 농부라면 네 자녀들의 직업에 만족하겠는가? __________
2	악마가 '아이고, 부지런한 사람에게는 도무지 이길 수 없네, 다른 수가 없을까?'라며 이반을 방해할 궁리를 했다. 성실하고 부지런한 사람은 늘 이길 수 없는 것일까? __________

3	나뭇잎으로 금돈을 만든 이반은 더 달라고 외치는 사람들에게 이렇게 말한다. "이젠 다 드렸어요. 돈은 필요한 만큼만 있으면 되잖아요. 돈은 그저 장난감뿐인데 왜 그렇게 서로 짓밟으며 많이 가지려고 하세요? 자 이제는 그만 다투고 우리 모두 다시 춤추고 노래를 부릅시다. 사이좋게 지내는 데에는 노래하고 춤추는 게 제일이잖아요. 돈이 있으면 싸움만 나요." 바보 이반의 돈에 대한 개념과 자신의 돈에 대한 개념을 비교해 보고 지금 현재 자신에게 필요한 만큼의 돈은 어느 정도인가? 필요한 금액과 어디에 쓰일 것인지 열 개의 범주로 구체적으로 적어 보라. 그 범주 안에 자신의 꿈과 진로를 위한 투자 금액은 얼마인가?
4	배고픈 늙은 악마에게 이반의 누이 마리나가 말했다. "손님, 미안합니다. 우리 궁궐에서는 손에 일한 흔적이 없는 사람은 식탁에 앉히지 않습니다. 일을 한 사람에게만 음식을 줍니다. 그러니 조금만 기다려 주세요. 우리가 먹고 남겨 드릴 테니 그때 잡수시도록 하세요." 자신의 손을 만져 보자. 일한 흔적이 있는가? 열심히 일하고 난 후 밥을 먹기 위해 자신이 하고 싶은 일은 무엇인가?
질문 만들기	

[읽기 자료 3-1] 진로 Q & A

Q: 교수님~ 저는 하고 싶은 것이 너무 많을 때 진로 설정을 어떻게 해야 하나요?

저는 하고 싶은 게 너무 많아요. '내가 너무 기준이 없이 다른 사람들의 의견을 따라가는 결정장애인가?' 싶기도 한데요. 다른 친구들이 '이거야~!!' 하며 달려갈 때 저는 항상 생각만 하고 있는 사람인 것 같아요. 욕심도 많고. 사실 저의 마음은 예술에 있어요. 그리고 예술과 관련된 활동을 해 왔는데, 현실에서는 부모님과의 타협으로 경영학을 선택하게 되었습니다. 내가 지금 뭐 하는 건가 싶기도 하고, 나 이러다가 진짜 불행하게 사는 거 아닌가 하는 여러 가지 생각에 사로잡히게 되었습니다. 고교 시절에는 어렴풋이 생각만 했던 하고 싶은 일들을, 20살이 된 지금 하나씩 구체화시키려니 '과연 이게 내 길일까, 과연 내가 맞는 걸까, 괜히 학과랑 다른 길 가는 거 아닐까, 대학을 다시 들어가야 하나' 하는 많은 생각도 들어요. 교수님은 하고 싶은 일이 많을 때 어떻게 해요? 저는 이것 때문에 진로 설정이 안되고 스트레스만 받고 있어요.

A: 하고 싶은 일을 분류해 보세요.

일단은 단순하게 생각해 봅시다. 우선 네 가지로 분류를 해서 순서를 정해 보는 거예요.

첫째, 직업으로 발전 가능한 일인가?

둘째, 돈이 들어가는 일인가?

셋째, 배낭여행처럼 젊고 건강할 때가 아니면 못 하는 일인가?

넷째, 체험을 해 보고 싶은 건가, 마스터를 하고 싶은 건가?

이 네 가지를 조합해 봐서, 가장 순위에서 떨어지는(밀리는) 것을 제일 먼저 해 보도록 하세요. 가장 순위에 부합하는 것은, 제일 나중에 신중하게 해야 하지요. 예를 들어, '운동하기' '책 출판하기' '석사학위 따기'의 세 가지 목표를 가졌다고 한다면, '운동하기'는 돈도 안 들고 직업까지 가지 않아도 되고 마스터를 안 해도 되니까 1번, '책 출판하기'는 돈은 안 들지만 작가라는 직업은 될 수 있고 신중해야 하므로 2번, '석사학위 따기'는 돈도 많이 들고 꼭 지금이 아니어도 나중에 돈을 더 벌어 할 수 있고 체험이 아닌 공부를 깊게 해야 하므로 가장 천천히 해야 하는 3번으로 순위를 매길 수 있어요. 이런 식으로 순서를 정해서 해 나가는 것은 어떨까요. 1번으로 정해진 것부터 차근차근 실천해 가 보면 어느덧 자신의 길을 가고 있을 겁니다.

출처: https://www.kbrockstar.com/archives/123469

제 2 부

진로 탐색과 설계

발달적으로 대학생 시기는 청소년기에서 성인기로 전환하는 동시에 학교에서 직업사회로 전환하는 시기이다. 그러나 우리나라 대학생들은 진로를 결정하고 직업을 찾는 데 많은 어려움이 있어 그 어느 시기보다도 심각한 사회적 이슈가 되고 있다. 진로 탐색은 진로 결정 및 취업, 적응 등 진로 발달을 목적으로 하며, 이를 토대로 자기와 직업에 대한 이해를 향상시키는 활동을 의미한다(최옥현, 2006). 제2부에서는 진로 탐색과 진로 설계를 어떤 과정으로 어떻게 실행할 수 있는지 설명한다. 즉, 자신의 직업적 흥미와 적성을 파악하고, 스스로 진로를 결정하는 데 있어 합리적 의사 결정을 하는 과정을 수행할 수 있도록 연습한다. 또한 진로를 설계하는 데 있어 대학 생활에서 기초가 되는 학습 관리 방법과 목표를 설정하고, 전략적인 실천 행동을 계획하는 데 도움을 주고자 한다.

제 4 장

진로 탐색하기

진로 탐색 활동은 진로를 선택하고 계획하는 과정에서 반드시 필요하다. 진로를 선택하기 전 직업과 직무를 이해하고, 자신의 흥미와 적성과의 관계를 검토해 봐야 한다. 진로 계획은 자신을 잘 알고 자신이 어떤 장점을 가지고 있으며 하고 싶은 일이 무엇인지 안 후에 인생을 살아가는 삶의 목표를 설정하는 것이다. 삶의 목표를 설정하려면 자신의 흥미, 적성, 가치관 능력 등 자신의 특성을 잘 파악해야 한다. 나 자신 속에 있는 잠재력과 선호도 등이 잘 발휘될 수 있도록 나 자신의 가능성과 능력을 발견하고 다듬어 나가야 한다(황매향 외, 2011).

1. 흥미 탐색하기

'흥미'는 '무언가를 하고 싶다' 혹은 '하기 싫다'와 같은 개인의 성격 특성으로, 어떤 활동이나 사물에 특별히 관심을 갖는 행동을 말한다. 흥미는 진로 선택에 있어 가장 중요한 요소 중 하나이다. 다양한 흥미 영역 중 특정 직종, 직무, 직업 환경 등 직업 영역에서 발생하는 흥미를 직업 흥미라고 한다. 직업 흥미는 특정 직업에 대해 관심을 가지는 선호 경향성을 의미한다. 그렇다면 자신의 직업적 흥미를 알아보기 위해 어렸을 때의 직업적 꿈과 지금 현재 흥미 있는 직업에 대해 살펴보기로 한다(황매향 외, 2011).

1) 꿈을 탐색하기

사람들은 꿈을 통해 어떤 직업을 선택하는지를 잘 알려 주고 있다. 지나친 꿈은 몽상이 될 수 있지만, 꿈은 구체적인 삶의 목표에 강력한 영향력을 주기도 한다. 또한 올바른 방향으로 나아가는 꿈은 사람들에게 진로 탐색의 시작점이 될 수 있다.

여러분의 꿈은 무엇인가? 여러분의 어린 시절부터 지금까지 꿈꿔 온 여러분의 꿈을 〈Activity 4-1〉를 통해 탐색하고 현재 여러분이 원하는 것이 무엇인지 생각해 보자(황매향 외, 2011).

★나의 어릴 적 **꿈**은 ☐ 였다.

Activity 4-1

■ **과거와 현재의 꿈 탐색하기**

지금부터 여러분은 타임머신을 타고 어린 시절로 돌아갑니다. 초등학교 시절부터 지금까지 자신의 꿈이 무엇이었는지 기억을 더듬어 생각해 봅시다.
그리고 왜 그 일을 하고 싶었는지 적어 봅시다.

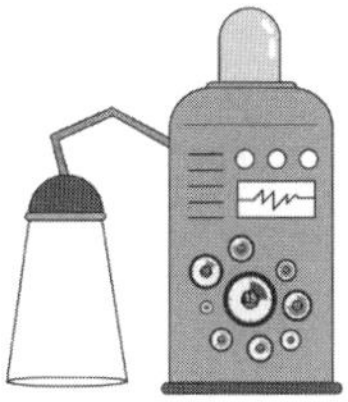

학년	나의 꿈	그 일을 하고 싶었던 이유
초등학교		
중학교		
고등학교		
대학교		

출처: 황매향 외(2011), p. 42. 수정 · 보완.

2) 직업적 흥미 탐색하기

많은 사람은 자신이 좋아하는 직업을 갖길 원한다. 또한 자신이 하고 있는 일에 흥미를 느끼는 사람들일 수록 직업 만족도가 높다. 다음 읽기 자료는 모든 사람들이 동경하는 직업을 접고 자신이 좋아하는 직업을 찾은 요리사의 이야기이다. 이 글을 통해 나 자신에게 맞는 직업적 흥미를 찾는 것이 매우 중요하다는 것을 알 수 있다. 이런 점에서 우리는 자신의 직업적 흥미를 고려해 보아야 한다. 직업적 흥미를 알아보기 위해 널리 사용되는 방법은 직업 흥미 활동과 홀랜드 검사가 있다(황매향 외, 2011).

[읽기 자료 4-1] 나의 꿈을 찾아라. 의사의 길을 접고 요리사가 된 이상민 요리사

내가 원하는 인생을 살아라

이상민(여 · 34) 씨는 유명한 요리사이다. 그는 부모의 바람대로 한양대학교 의과대학에 입학하였지만 22살의 어느 날 "의사가 과연 나에게 맞는 일인가."라는 의심이 떠나지 않았다. 그리고 의과대학 3학년 수업 도중 강의실을 빠져나왔다. 이것이 의대에서의 마지막 수업이었다. 그리고 몰래 어머니의 도장을 파 자퇴서를 낸 뒤 집을 떠났다.

그는 자신이 진정하고 싶은 일이 무엇인지 알기 위해 음식점 불판 닦이부터 우유 배달, 길거리 노점상까지 세상과 부딪히며 다양한 경험을 쌓아 갔다. 그러던 중 우연히 케이블TV에 나온 영국 요리사 제이미 올리버의 모습에 반해 2005년부터 본격적으로 요리를 시작했다. 피나는 노력 끝에 2008년 〈내일은 요리왕〉이라는 서바이벌 프로그램에 나가 1위를 차지, 유명 인사가 됐다. 강남 노보텔 엠버서더 호텔에서 요리사로 일하였고 현재 서울호서직업전문학교 교수로 재직 중이다.

그는 "돈을 생각했다면 의사로 남았겠지요. 그러나 꿈을 찾아가는 과정에서 느끼는 행복감과 꿈을 이뤘을 때 얻은 기쁨은 돈에서 주는 행복보다도, 그 무엇보다도 큽니다."

출처: 이데일리(2014. 10. 13.). 수정 · 보완.

(1) 직업 흥미 활동

직업 흥미 활동은 개인의 직업적 선호를 확인하고 명료화시킬 수 있다는 장점이 있다(박선영, 2003). 직업 흥미 활동은 진로 탐색에 있어 직업적 흥미와 가치관 등을 질적으로 탐색할 수 있어 직업의 다양성과 종류를 이해하는 데 도움을 준다. 또한 직업을 스스로 탐색할 수 있어 진로를 고민하고 찾는 과정에 대해 진로에 대한 흥미를 가지게 한다(황매향 외, 2011).

Activity 4-2

많은 사람들은 자신이 선호하는 직업을 가지길 원하며, 그러한 직업을 가질 때 직업에 대한 만족도도 높습니다. 이번 활동은 여러분의 직업 흥미를 탐색해 보는 활동으로 먼저 아래의 칸에 자신의 선호 직업과 비선호 직업을 나누어 적어 봅시다. 그리고 선호하는 이유와 주제를 정리해 봅시다.

	선호하는 직업명	선호 이유	주제
예	수의사, 애견 미용사, 사육사, 동물 트레이너	동물이 좋아서	동물(대상)
1			
2			
3			
4			

같은 방법으로 비선호 직업을 정리해 봅시다.

	비선호하는 직업명	비선호 이유	주제
예	회계사, 펀드매니저, 증권사원, 보험설계사, 경리담당	계산하는 것을 싫어해서	계산(능력)
1			
2			
3			
4			

* 주제를 적을 때 아래 목록을 참고하여 작성해 봅시다.

책임	근무 환경	기계	성취 수준	도전	동물
명확한 결과	보상(돈)	새로운 일	계산 능력	실내 업무	실외 업무
스트레스	안정성	여행	기계 업무	위치	의미 유무
의료	이익	자율성	재미	지위	직무
적성	진보	가치	힘	명예	지도력
감독	특정 대상	구조	운동 능력	창의력	사람들과의 관계

출처: 황매향 외(2011), pp. 44-45. 수정 · 보완.

(2) 홀랜드 검사

좀 더 포괄적인 흥미 검사를 원한다면 홀랜드 진로 적성 검사를 활용할 수 있다. 홀랜드 진로 적성 검사는 직업 분류 활동보다 정확하고 객관적으로 직업에 대한 흥미, 기술, 능력을 확인할 수 있다. 홀랜드 검사는 개인의 직업 흥미를 다음의 여섯 가지 유형으로 구분하고, 각 유형에 속한 사람들은 다른 유형과 구분되는 비슷한 성격 특징을 공유하고 있다(이형국 외, 2015).

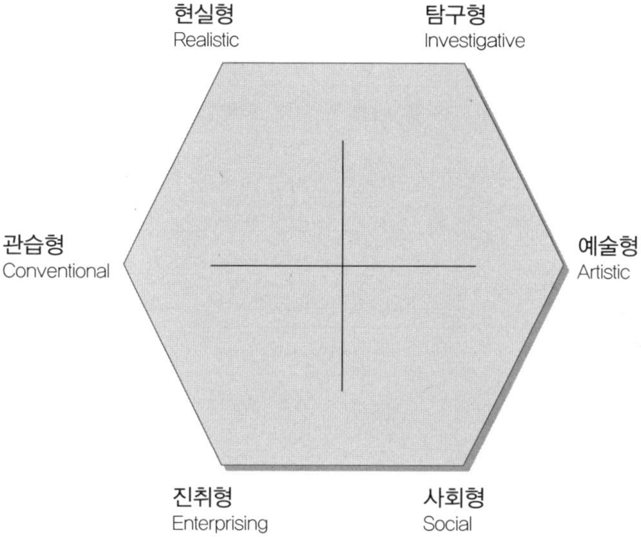

[그림 4-1] 홀랜드 코드 모형

여섯 가지 홀랜드 코드의 주요 내용은 다음 〈표 4-1〉과 같다.

〈표 4-1〉 여섯 가지 일반 흥미 유형의 특징

	현실형(R)	탐구형(I)	예술형(A)
성격 특성	성실하고 검소하며, 솔직하고 현실적이며 신중한 성격으로, 운동 능력이나 기계적인 능력을 가진 사람	탐구심이 많고, 논리적 · 분석적임. 정확하고 지적 호기심이 많으며, 비판적 · 내성적이고, 신중함	상상력과 감수성이 풍부하고 자유분방하며 개방적임. 예술적 · 개혁적 · 창의적 · 직관적 능력을 가진 사람들로 구조화되지 않은 상황에서 일하기를 좋아함
자기평가	실용적이고 보수적이며, 손재주와 기계적 소질이 있으나 사교적 재능이 부족함	분석적이고 지적이며, 회의적이고 학술적 재능이 있으나 대인관계 기술이 부족함	경험에 대해 개방적이며 혁신적이고 지적이지만 사무적 재능이 부족함
선호 직업활동	건축업자, 기술자, 경찰관, 농장 경영자, 엔지니어, 정비원, 직업군인, 운동선수, 항공기 조종사, 공학자, 중장비 기사, 원예사, 조경사 등	과학 계열 연구자, 과학 교사, 의사, 물리학자, 대학교수, 수의사, 수학자, 언어학자, 심리학자, 의료 기술자, 시장조사 분석가, 화학자, 천문학자, 치과 의사, 약사 등	예술가, 작곡가, 건축가, 음악가, 국어 교사, 신문기자, 리포터, 화가, 만화가, 예능 교사, 배우, 사진작가, 실내장식가, 엔터테이너, 카피라이터, 조각가, 작가 등
적성	기계적 능력	학구적 능력	예술적 능력
가치	눈에 보이는 성취에 대한 물질적 보상	지식의 개발과 습득	아이디어, 정서, 감정의 창조적 표현

	사회형(S)	진취형(E)	관습형(C)
성격 특성	사람들과 어울리기 좋아하고, 친절하고 이해심이 많으며, 남을 도와주기를 좋아함. 교육, 훈련, 돌보는 일을 잘하며 언어 능력이 뛰어남	조직의 목표와 경제적인 이득을 위해 설득하고 영향력을 행사하며 통솔력과 지도력이 있음. 말을 잘하고, 열성적이며 설득력과 경영 및 영업 능력이 있음	정확하고 빈틈이 없으며 현실적이고 성실한 성격으로, 세밀하고 계획성이 있고 변화를 좋아하지 않음. 책임감이 강하고 비즈니스 실무 능력이 있음
자기평가	동정적이고 참을성이 있으며 대인관계적 소질이 있으나 기계적 능력이 부족함	영업 능력과 설득력을 갖고 있으나 과학적 재능이 부족함	사업과 생산에 기술적 능력을 갖고 있으나 예술적 재능이 부족함

선호 직업활동	사회복지사, 간호사, 상담 교사, 치료사, 레크리에이션 강사, 보육 교사, 사회사업가, 교사, 진로 상담가, 특수교육 교사, 청소년 단체 지도자 등	TV 아나운서, 경매업자, 마케팅 책임자, 광고대행업자, 매장 관리자, 변호사, 부동산 중개인, 세일즈맨, 여행사 직원, 정치인, 홍보 담당자 등	공인회계사, 경제 분석가, 매장 판매원, 비서, 문서 작성 및 편집자, 사무 관리자, 법무사, 재무 분석가, 제품 관리자, 은행원, 컴퓨터 프로그래머, 의료 기록원 등
적성	사회적 · 교육적 능력, 지도력, 영업능력, 대인관계 능력	지도력, 영업 능력, 사회적 · 교육적 능력, 사업적 · 사무적 능력, 대인관계적 능력	사업적/사무적 능력
가치	타인의 복지와 사회적 서비스를 중시 여김	물질적 성취와 사회적 지위	물질적 · 금전적 성취와 사회, 사업, 정치 영역에서의 권력

출처: 이형국 외(2015), pp. 86-87; 한국고용정보원(2017), p. 117. 수정 · 보완.

2. 적성 탐색하기

적성이란 어떤 일을 알맞게 수행하는 성질이나 적응 능력을 말하는 것으로 어떤 일을 하는 개인의 소질을 의미한다. 또한 적성은 일을 수행하는 데 어느 정도의 능력이 꼭 필요하고 그 분야에서의 성공 가능성을 예측할 수 있다.

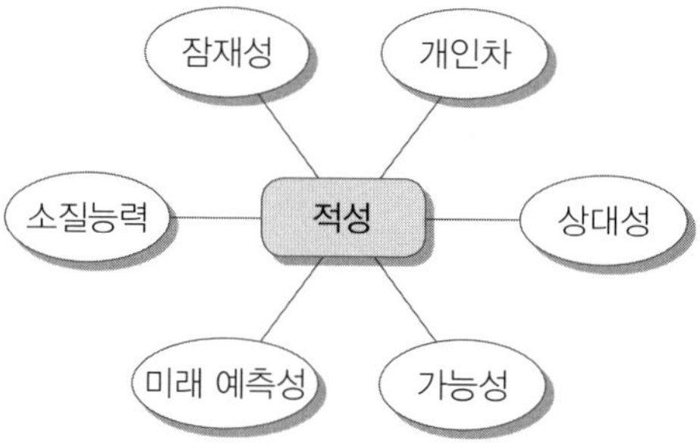

- 일정한 훈련에 의해 숙달될 수 있는 개인의 능력
- 특정 활동이나 작업을 수행하는 데 필요한 능력
- 구체적인 특정 활동이나 작업의 미래 성공 가능성 예언에 주안
- 학력이나 성취도까지도 넓은 의미의 적성에 포함

[그림 4-2] 적성

출처: 이형국 외(2015), p. 90; 한국기업교육학회(2010). 수정 · 보완.

즉, 적성은 '개인이 어떤 잠재 능력을 지녔는가? 무엇을 잘할 수 있는가?' 하는 것에 초점이 있다.

적성을 알기 위해 적성 검사를 실시하는데, 적성 검사는 구체적인 특정 활동이나 직업에 대한 미래의 성공 가능성을 예측할 수 있어 개인의 능력 방향을 알 수 있는 검사이다(권창미, 송창백, 2016). 우리나라 성인용 직업 적성 검사는 구직을 원하는 만 18세 이상의 모든 성인들에게 실시할 수 있다. 검사의 구성은 11개 적성 요인과 16개 하위 검사로 구성되어 있다. 각 하위 검사의 유형과 하위 검사를 통해 측정하고자 하는 내용은 〈표 4-2〉와 같다.

〈표 4-2〉 성인용 적성 검사의 구성

적성 요인명	하위 검사명	측정 내용
언어력	어휘력 검사	동의어, 반의어, 단어 뜻 찾기
	문장 독해력 검사	문장 독해
수리력	계산력 검사	계산
	자료 해석력 검사	자료 해석
추리력	수열 추리 1 검사	네트워크망 수열 추리
	수열 추리 2 검사	나열형 수열 추리
	도형 추리 검사	도형 추리
공간 지각력	조각 맞추기 검사	조각 맞추기
	그림 맞추기 검사	그림 맞추기
사물 지각력	지각 속도 검사	지각 속도
상황 판단력	상황 판단력 검사	상황 판단력
기계 능력	기계 능력 검사	기계 능력
집중력	집중력 검사	색 판단, 도형 판단
색체 지각력	색 혼합 검사	색 혼합
사고 유창력	사고 유창력 검사	용도 찾기, 상상하기
협응 능력	기호 쓰기 검사	기호 찾기

출처: 한국고용정보원(2017), p. 109. 재인용.

최근 기업에서 많이 실시하고 있는 인 · 적성 검사 역시 이러한 관점에서 동일한 맥락을 가지고 검사한다. 즉, 인 · 적성 검사는 인성 검사와 적성 검사라는 두 가지 영역을 검사한다. 인성 검사는 성격적 결함이 있는 것은 아닌지를 파악하고, 조직 문화에 잘 적응할 것인지 등을 예측해 보기 위한 검사이다. 적성 검사는 취업처에서 할 직무 수행 능력에 적합한지를 예측하는 능력 검사이다. 따라서 취업처에서 중점적으로 보는 것은 채용하고자 하는 자리에 이 사람이 꼭 필요한 사람인지 아닌지를 판단하는 것이다. 즉, 기업에서는 인 · 적성 검사를 통해 자신의 기업 문화에 적합하고 잘 적응하며 직무 수행 능력 역시 적합한 인재를 뽑고자 한다(이형국 외, 2015). 다음 [읽기자료 4-2]는 최근 많은 기업들이 자체 인 · 적성 검사를 실시하거나 채용 전형 단계에서 인 · 적성 검사를 중요하게 강조하고 있다는 기사이다.

[읽기 자료 4-2] 우리나라 대표적 기업의 인·적성 검사

기업에 취업하기 위해서는 '필수 관문'인 인 · 적성 검사를 치러야 한다. 인 · 적성 검사를 합격 후 면접 전형을 통해 기업에 합격할 수 있다. 재계와 인크루트 등에 따르면 삼성, 현대자동차, LG 등 우리나라 주요 기업의 상반기 공채 필기시험 일정은 4월에 실시한다.
삼성은 올 상반기 대졸 공채부터 GSAT에서 '상식' 영역을 폐지했다. 시험 과목이 △언어논리 △수리논리 △추리 △시각적 사고 등 4개 과목으로 줄어들면서 문제 풀이 시간도 140분에서 115분으로 25분 줄게 됐다. LG그룹의 채용 필기시험인 LG 인 · 적성 검사는 적성 검사를 비롯해 인성 검사(LG Way Fit Test), 인문 역량(한국사, 한자) 등을 본다. 현대자동차그룹의 HMAT에는 언어이해, 논리판단, 자료해석, 정보추론, 도식이해 등의 과목이 포함된다. 현대자동차는 2018년 상반기부터 인 · 적성 시험에서 역사에세이를 폐지하였다. 역사에세이가 폐지되면서 구직자들의 시험 준비 부담은 줄었다는 평가다. SK그룹은 SK종합역량검사(SKCT)로, SK그룹 채용의 특징은 '직무적합성 중심 채용'에 있다. 최근, 지원자가 직무에 부합하는지 더 세밀하게 측정하기 위해 직군을 크게 5개로 나누고 요구역량을 갖췄는지 평가하고 있다. 취업 준비생들 사이에서 CJ그룹의 인 · 적성 시험은 난이도는 평이하나 빠르고 정확히 많은 문제를 풀어내야 하는 것으로 알려져 있다.

출처: 매일경제(2018. 4. 2.). 수정 · 보완.

제5장

진로 의사 결정하기

의사 결정이란 여러 대안 중에서 하나의 행동을 고르는 정신적 지각 활동이다. 모든 의사 결정의 과정은 하나의 최종적 선택을 가지게 되며, 이 선택의 결과로 어떤 행동 또는 선택에 대한 결과가 나오게 된다(https://ko.wikipedia.org). 우리는 매 순간 선택과 의사 결정을 해야 한다. 정형적이고 일상적인 의사 결정은 기상 시간을 정하거나 무슨 옷을 입을지, 식사 메뉴는 무엇으로 할지, 버스를 탈지 택시를 탈지 등과 같은 일이다. 전 생애에 막대한 영향을 미치는 중요한 진로 의사 결정은 대학 진학, 취직, 결혼, 직업 전환과 같은 것이다. 정형적인 의사 결정은 선택의 어려움이 크지 않고 삶에 큰 영향을 끼치지 않지만 중요한 진로 의사 결정은 고려해야 할 요인들이 너무나 많고 복잡하기 때문에 신중해야 한다(남미정, 2015). 진로 의사 결정은 개인이 선택 가능한 여러 가지 진로 중에서 자신의 흥미와 적성을 고려하여 최선의 진로를 선택하는 과정이다. 케인즈의 경제 이론을 근거로 한 의사 결정 이론은 자신의 이익을 극대화하고 손실을 극소화하는 방향으로 행동한다는 것을 강조한다. 이 이론의 핵심 내용은 자신의 투자가 최대로 보상받을 수 있는 진로를 선택해야 한다는 것으로, 단지 돈뿐만 아니라 지위나 명예, 일의 보람, 봉사, 욕구 충족, 성취감 등 개인이 가치를 최대로 만족시키는 진로를 선택해야 한다는 것이다(황매향 외, 2011). 따라서 진로 의사 결정을 잘하기 위해서는 진로 의사 결정에 영향을 미치는 요인과 유형을 선행적으로 알아야 한다.

1. 진로 의사 결정에 영향을 미치는 요인

진로를 정하고 직업을 선택하는 과정을 진로 의사 결정이라고 하는데, 이에 영향을 미치는 요인들은 무엇이 있을까? 우리나라 상황을 살펴보면 주요한 첫 번째 진로 의사 결정은 중학교를 졸업하고 인문계 고등학교와 전문계 고등학교 중 어디를 선택할 것인가이다. 이후의 의사 결정은 고등학교를 졸업하고 대학 진학과 취업 중 선택하는 것이다. 우리나라의 고등 교육기관 진학률은 2010년도 81%에서 2011년 83%로 정점을 이루고 점차 청년 인구수의 감소로 2016년 75%로 감소되었으나, 여전히 높은 진학률을 보여 주고 있다(교육통계 연구센터, 2016). 이와 같이 우리나라 대부분의 청년들은 고등학교 졸업 후 취업을 하기보다는 대학을 졸업하고 사회에 진출하는 경향이 강하기

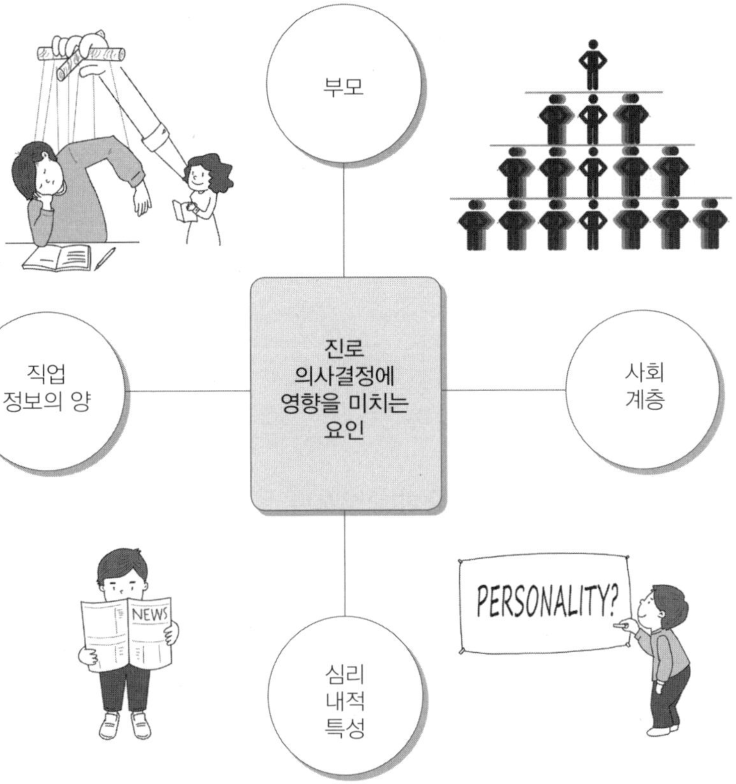

때문에 복잡하고 다양한 진로 의사 결정이 대학 진학 전에 이루어지기보다는 대학 생활을 하면서 하는 경우가 많다. 또한 스스로 생각하고 탐색하고 분석하는 합리적인 의사 결정을 내리는 대신, 주변의 동료나 선배들이 해 왔던 방식을 따라서 결정을 내리거나 부모님과 교사의 의견과 선택에 따라 결정하는 의존적 경향이 강하다(남미정, 2015).

1) 부모의 영향

부모는 자신의 직업과 기술을 자녀가 물려받아 계승하도록 요구할 수 있다. 부모는 자녀의 흥미와 활동을 촉진하기도 하고 제안하기도 한다. 어릴 때부터 자녀에게 직업의 범위를 정해 주고, 부모가 정해 준 그 범위 안에서 직업을 선택하도록 독려하는 경우가 많다. 부모의 자녀에 대한 포부 수준이 높을수록 자녀의 포부 수준이 높고 부모가 자녀에게 직업적 역할 모델을 제대로 제시하지 못하고 자녀의 능력, 적성, 흥미와 관계없이 자녀에게 자신의 의견을 강요하거나 기대 하는 경우, 자녀에게 지나친 부담과 갈등을 유발할 수 있다(송원영, 김지영, 2009).

2) 사회계층

중류계층의 부모는 하류계층의 부모보다 직업에 대한 지식과 정보가 풍부하기 때문에 좀 더 다양한 지식과 정보를 자녀에게 전달해 줄 수 있다. 반면에 하류계층의 부모는 직업에 대한 지식과 정보가 부족하기 때문에 직업 선택의 폭이 좁을 수 있다. 부모의 교육 수준이 높을수록 부모의 사회경제적 지위가 높은 경향이 있어 자녀에게 더 많은 교육과 훈련의 경험을 제공할 수 있다(송원영, 김지영, 2009).

3) 심리내적 특성

진로 의사 결정은 부모의 영향이나 사회경제적 지위 같은 외부 요인뿐만 아니라 개인의 지능, 흥미, 가치관, 성격 등과 같은 심리내적 특성과도 관계한다. 예를 들어, 현명하고 가치관이 분명한 청년은 진로 선택 시 자신의 적성, 흥미, 교육 수준, 훈련 기회 등을 고려해서 선택하는 반면, 분별력이 없는 청년은 자신의 흥미와 능력보다는 단순히 그럴듯해 보이는 비현실적인 직업을 선택하는 경향이 높다. 그러므로 부모나 친구 등 주변인의 영향을 더 많이 받게 된다. 합리적인 진로 선택은 주변인보다는 나 자신의 적성과 흥미, 가치관과 욕구 등을 세밀하게 파악하여 직업을 선택하는 것이다(송원영, 김지영, 2009).

4) 보유하고 있는 직업 정보의 양

진로를 결정할 때 직업에 대한 정보도 매우 중요하다. 직업은 단순히 돈을 버는 경제적 수단일 뿐만 아니라, 자신의 능력을 발휘하고 자아 성취를 할 수 있는 통로이기 때문이다. 또한 직업은 삶의 만족도와 행복에 매우 중요한 요소이기 때문에 개인내적 특성만 가지고 판단하기 어렵다. 직업 정보를 아는 만큼 자신의 진로가 보다 명확하게 보인다. 진로와 직업 선택 과정 시 그 직업에 대한 얼마나 정확하고 신뢰도 높은 정보를 소유하는가에 따라 미래가 달라질 수 있다(송원영, 김지영, 2009).

2. 진로 의사 결정의 유형

1) 진로 의사 결정의 유형

진로를 결정하는 일은 개인의 일생을 통해서 반드시 성취해야 하는 가장 중요한 과제 중의 하나다. 왜냐하면 진로 선택은 한 사람의 인생 전체에 중요한 영향을 미치기 때문이다. 진로 의사 결정에 따라 사회경제적 지위, 성공의 기회, 거주 지역, 가족과의 관계, 건강, 친구 유형, 성격 등 많은 부분이 달라질 수 있다. 이렇게 중요한 진로 의사 결정을 매우 불합리한 방법으로 선택하거나 다른 사람에게 맡기거나 대충 고민하고 빨리 결정짓는 최악의 경우도 발생한다. 그러므로 자신의 특성과 직업의 요인을 둘 다 고려하여 진로를 선택하는 것이 가장 바람직하다. 하지만 모두가 동일한 의사 결정 유형을 가지지는 않는다. 다음 〈Activity 5-1〉을 통해 자신의 진로 의사 결정의 유형이 무엇인지 분석하고, 진로 의사 결정 유형에 따른 장점과 단점을 알아보자(남미정, 2015; Harren, 1979).

〈표 5-1〉 진로 의사 결정의 유형

1. 합리적 의사 결정	• 자신에게 맞는 진로 정보를 검토하고 수집하여 이를 근거로 하여 자신과 상황에 대해 현실적으로 평가하는 유형이다. • 정확한 정보를 얻고 논리적이고 체계적이며 신중하게 결정한다. 결정에 대한 책임을 수용한다. • 장점: 합리적이고 내적 독립과 성장에 도움이 되며, 실패율이 낮다. • 단점: 결정을 내리는 데 오랜 시간이 걸린다.
2. 직관적 의사 결정	• 의사 결정을 할 때 자신의 감정, 즉 정서적 자각 또는 직관을 기준으로 의사 결정하는 유형이다. • 결정에 대한 책임을 진다. • 장점: 의사 결정이 빠르고, 스스로의 선택에 대해 책임을 지고, 창조적 해결 방법을 사용한다. • 단점: 자신의 결정이 어떻게 도달하였는가를 명백하게 진술하지 못하고 실패할 확률이 높다.
3. 의존적 의사 결정	• 의사 결정을 할 때 타인의 영향을 많이 받아 순종적이고 의존적이며 사회적 인정에 대한 욕구가 높은 유형이다. • 사회적인 인정을 중요시한다. • 의사 결정에 대한 책임을 지지 않는다. • 장점: 영향력 있는 사람의 결정에 따를 때 실패율이 적다. • 단점: 소신 있게 일 처리를 하지 못하고, 실패 시 남의 탓을 한다.

출처: 남미정(2015). p. 191; 어진희(2015). 수정 · 보완.

Activity 5-1

■ 진로 의사 결정 유형 검사

다음 문항에서 해당하는 곳에 ◯ 표시해 봅시다.

번호	문항	Yes	No
1	나는 중요한 의사 결정을 할 때 한 단계, 한 단계 체계적으로 한다.		
2	나는 내 자신의 욕구에 따라 매우 독특하게 의사 결정을 한다.		
3	나는 얻을 수 있는 모든 정보를 수집하지 않고는 중요한 의사 결정을 거의 하지 않는다.		
4	의사 결정을 할 때 내 친구들이 나의 결정을 어떻게 생각할 것인가를 매우 중요시한다.		

5	나는 의사 결정을 할 때 이 의사 결정과 관련된 결과까지 고려한다.		
6	나는 다른 사람의 도움 없이는 중요한 의사 결정을 하기가 힘들다.		
7	나는 어려운 문제에 부딪히면 재빨리 결정을 내린다.		
8	나는 의사 결정을 할 때 자신의 즉각적인 느낌이나 감정에 따른다.		
9	나는 내가 하고 싶은 것보다 다른 사람이 어떻게 생각하느냐에 영향을 받아 결정한다.		
10	어떤 의사 결정을 할 때 나는 시간을 갖고 주의 깊게 생각해 본다.		
11	나는 문제의 본질에 대해 찰나적으로 떠오르는 생각에 따라 결정을 한다.		
12	나는 친한 친구에게 먼저 이야기하지 않고는 의사 결정을 거의 하지 않는다.		
13	나는 중대한 의사 결정 문제가 예상될 때 그것을 계획하고 생각할 시간을 충분히 갖는다.		
14	나는 의사 결정을 하지 못한 채 뒤로 미루는 경우가 있다.		
15	의사 결정을 하기 전에 올바른 사실을 알고 있는지 확인하기 위해 관련 정보들을 다시 살펴본다.		
16	나는 의사 결정에 관해 실제로 생각하지는 않지만 갑자기 생각이 떠오르면서 무엇을 해야 할지를 알게 된다.		
17	어떤 중요한 일을 하기 전에 나는 신중하게 계획을 세운다.		
18	의사 결정을 할 때 나는 다른 사람의 많은 격려와 지지를 필요로 한다.		
19	나는 의사 결정을 할 때 마음이 가장 끌리는 쪽으로 결정을 한다.		
20	나의 인기를 떨어뜨릴 의사 결정을 별로 하고 싶지 않다.		
21	나는 의사 결정을 할 때 예감 또는 육감을 중요시한다.		
22	나는 조급하게 결정을 내리지 않는데, 그 이유는 올바른 의사 결정임을 확신하고 싶기 때문이다.		
23	어떤 의사 결정이 감정적으로 나에게 만족스러우면 나는 그 결정을 올바른 것으로 본다.		
24	올바른 의사 결정을 할 수 있는 자신이 없기 때문에 주로 다른 사람의 의견을 따른다.		
25	종종 내가 내린 각각의 의사 결정을 일정한 목표를 향한 진보의 단계들로 본다.		
26	내가 내리는 의사 결정을 친구들이 지지해 주지 않으면 그 결정에 대해 확신을 갖지 못한다.		
27	의사 결정을 하기 전에, 나는 그 결정을 함으로써 생기는 결과에 대해 가능한 한 많이 알고 싶다.		
28	나는 '이거다.'라는 느낌에 따라 결정을 내릴 때가 종종 있다.		
29	대개의 경우 나는 주위 사람들이 바라는 방향으로 의사 결정을 한다.		
30	여러 가지 정보를 수집하거나 검토하는 과정을 갖기보다 떠오르는 생각대로 결정을 내리는 경우가 자주 있다.		

다음 표의 각 번호에서 'Yes'를 1점으로 계산하여 총합을 적어 봅시다.

합리적 의사 결정	직관적 의사 결정	의존적 의사 결정
1, 3, 5, 10, 13, 15, 17, 22, 25, 27	2, 7, 8, 11, 16, 19, 21, 23, 28, 30	4, 6, 9, 12, 14, 18, 20, 24, 26, 29
( )점	( )점	( )점
나의 의사 결정 유형은? ( )		

출처: 남미정(2015), pp. 192-193. 재인용.

2) 합리적 의사 결정 능력 기르기

우리는 앞의 활동을 통해 각자 개인의 특성 및 성격에 따라 어떻게 의사 결정하는지 알 수 있었다. 그러나 가장 유익한 진로 의사 결정은 합리적 의사 결정이다. 평소 자신의 진로 의사 결정 유형에 상관없이 가능한 한 합리적 의사 결정 방법을 적용해야 한다. 합리적 의사 결정 방법은 일반적으로 총 여섯 단계로 설명할 수 있는데, 핸드폰이라는 물건 사기의 예를 들어 그 단계를 설명해 보면 다음과 같다.

① **목적의식 명료화**: 무엇 때문에 핸드폰을 사야 하는지를 분명히 한다.

② **관련 정보 수집**: 구입하기 희망하는 핸드폰과 관련된 다른 핸드폰 정보도 수집한다(가능한 한 많은 방법을 동원: 신문, 친구, 인터넷 등을 이용).

- 어떤 종류의 핸드폰이 있는가?
- 각 핸드폰의 사양은 어떠한가? 내가 희망하는 핸드폰의 사양이 적절한가?
- 구매 장소 및 싸게 구입하는 방법에는 어떤 것들이 있는가?
- 도움 받을 사람은 있는가?

③ **선택할 수 있는 대안의 열거**: 정보 수집을 통해 얻은 대안들을 나열해 본다.

- 대체할 수 있는 핸드폰의 목록을 작성한다.

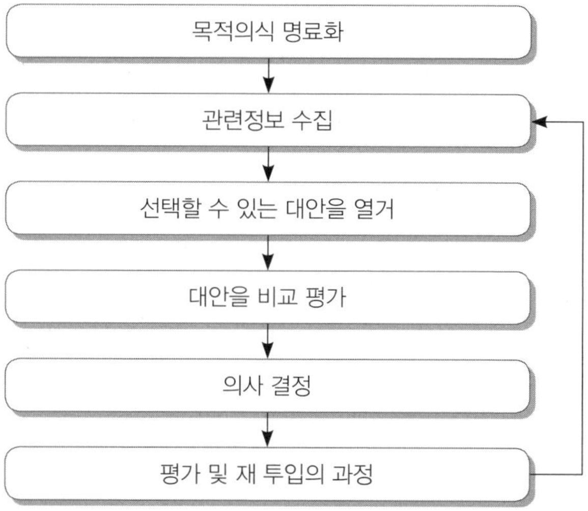

[그림 5-1] 합리적 의사 결정 과정

④ **대안의 비교 및 평가:** 각 핸드폰의 가격과 성능 등을 비교하며 평가해 본다.

⑤ **의사 결정:** 대안들 중 하나를 선택한다.

⑥ **평가 및 재투입의 과정:** 선택한 핸드폰에 대해 직접적 · 구체적으로 알아보고 마음에 들면 구입한다. 만약 마음에 들지 않으면 가능한 대안들 중 다른 하나를 선택하고 ②~⑤의 과정을 반복하여 다시 최종 결정을 내린다(황매향 외, 2011).

이러한 합리적 의사 결정 단계를 작은 선택에서부터 큰 선택까지 다양한 측면에서 적용해 보자. 이러한 연습을 통해 여러분은 합리적인 의사 결정을 할 수 있을 것이다.

Activity 5-2

■ 합리적 의사 결정 연습

합리적으로 의사 결정하는 방법을 연습해 봅시다.

- ➤ 여러분이 갖고 싶은 세 가지 물건을 물건 목록 칸에 적어 봅시다.
- ➤ 각 물건 목록에 점수를 줄 때 해당 점수가 높을수록 높은 점수(최고 10점)를 주고, 낮을수록 낮은 점수(최저 1점)를 주어 1~10으로 표시합니다. 각 비교 항목은 여러분이 더 추가할 수 있습니다.

	비교 항목	물건 목록		
1	이 물건이 지금 나에게 꼭 필요한가?			
2	이 물건이 나에게 얼마나 만족감을 줄 것인가?			
3	이 물건의 가격은 나의 경제 상황에 적절한가?			
4	물건의 활용도는 나에게 적합한가?			
5	이 물건은 평소 많이 사용되는가?			
	합계			

출처: 황매향 외(2011), p. 160. 수정 · 보완.

제6장

진로 설계와 학습 관리

진로를 설계하는 데 있어 가장 중요한 시기는 대학생 시기일 것이다. 왜냐하면 대학 생활을 어떻게 설계하는가에 따라 진로가 달라질 수 있기 때문이다. 성공적인 대학 생활을 위해서는 가장 기본적으로 학습 관리가 필요하다. 또한 대학 생활의 목표를 설정하고 목표에 따른 행동을 계획해야 한다. 따라서 이 장에서는 대학생의 학습 관리, 목표 설정, 실천 행동 계획하는 방법을 알아보고자 한다(권창미, 송창백, 2016).

1. 대학생의 학습 관리하기

1) 나의 학습 스타일

학습 관리의 출발점은 나의 학습 스타일을 파악하는 것이다. 사람마다 선호하는 음식이나 물건이 있듯 학습에도 사람마다 선호하는 학습 스타일이 있다. 학습 스타일은 개인이 학습을 대응하는 방식으로 학습 과정 중에서 개인이 특별히 선호하는 특성과 방법을 말한다. 학습 스타일에는 좋고 나쁨이 없다. 다만 자신이 어떤 학습 스타일을 선호하는지 알고, 자신의 학습 스타일에 맞는 학습 방법과 그 학습 방법에 맞는 전략을 찾는 것이 중요하다.

먼저, 자신이 적극적인 학습자인지 아니면 소극적 학습자인지 알아보자. 적극적인 학습자는 자신의 목표 달성을 위해 지식과 기술을 습득하고 '효과적인 학습을 위해 무엇을 하면 좋을까?' 등의 생각을 하면서 자신의 학습 과정을 검토하고 능동적으로 조절해 나간다. 그러나 소극적 학습자는 '교수자가 하라는 것만 하거나 과제를 기다리거나' 등 교수자가 정해 준 방법과 과제 내에서만 생각하고 수동적으로 행동하려 하는 경향이 있다(권창미, 송창백, 2016).

Activity 6-1

■ 학습 스타일 1

나는 적극적인 학습자인가? 소극적인 학습자인가?

적극적 학습자
수업 시간에 집중하며, 딴 생각을 하지 않으려고 한다.
공부할 때 계획하며 공부한다.
수업 시간에 노트 필기를 한다.
무엇이든 배우는 걸 좋아하고 여러 분야에 관심이 많다.
다른 사람과 함께 공부하면 집중이 더 잘된다.
시험을 대비해 평소에 공부해 둔다.
활동적인 수업을 좋아한다.
모르는 게 있으면 다른 사람의 도움을 청한다.
나만의 학습 방법이 있다.

소극적 학습자
수업 시간에 집중하는 게 어렵고 딴 생각을 한다.
필요할 때만 공부를 한다.
수업 시간에 노트 필기하는 것을 좋아하지 않는다.
관심 분야의 공부만 한다.
혼자서 공부하는 것이 집중이 더 잘된다.
시험 기간이 다가오면 열심히 공부한다.
앉아서 듣는 수업을 좋아한다.
모르는 게 있으면 혼자서 해결하려 한다.
남이 가르쳐 준 방법대로 공부한다.

출처: 권창미, 송창백(2016), p. 52. 수정 · 보완.

또 다른 학습 스타일은 감각적 관점에서 분류할 수 있다. 청각형 학습 스타일은 '들음으로써' 학습의 능률을 높일 수 있는 유형으로, 학습의 효율을 높이기 위해서 눈으로 책을 읽으면서 학습하기보다는 선생님의 설명을 듣고 공부하는 것을 선호한다. 시각형 학습 스타일은 '봄으로써' 학습의 능률을 높일 수 있는 유형으로, 학습의 집중력과 능률을 높이기 위해 학습할 내용의 사진, 그림, 도표, 다이어그램 등을 활용한다. 신체감각형 학습 스타일은 '행함으로써' 학습의 능률을 높일 수 있는 유형으로, 학습의 효율을 높이기 위해 직접 몸으로 실습하고 깨닫고 느낌으로 공부하는 스타일이다(권창미, 송창백, 2016).

Activity 6-2

■ 학습 스타일 2

나는 청각형 학습 스타일인가, 시각형 학습 스타일인가, 신체감각형 학습 스타일인가?

질문	선택
1. 수업 시간 내용을 많이 기억하는 방법은? A. 앞쪽에 앉아 수업을 들을 때이다(노트 필기는 하지 않는다). B. 선생님이 준비한 수업 자료를 볼 때이다. C. 노트 필기를 하면서 수업을 들을 때 기억에 많이 남는다.	
2. 보통 문제를 해결하려면 어떤 방법을 사용하는가? A. 다른 사람에게 물어본다. B. 계획표를 작성하여 체계적으로 해결한다. C. 직접 부딪쳐서 해결한다.	
3. 메모할 수 없는 상황일 때, 전화번호를 기억하는 방법은? A. 반복하며 계속 말함으로써 암기한다. B. 머릿속에서 숫자의 순서를 외운다. C. 손가락으로 번호를 써 본다.	

4. 새로운 것을 배울 때 어떻게 하면 학습하기 쉬운가? A. 설명을 차근차근 들을 때이다. B. 시범을 보여 줄 때이다. C. 내가 직접 실습해 볼 때이다.	
5. 영화나 드라마를 보면 가장 잘 기억나는 부분은? A. 대사와 배경음악이 잘 기억난다. B. 주인공의 표정, 의상, 장면이 잘 기억난다. C. 영화나 드라마의 내용보다 내가 느낀 감정이 잘 기억난다.	
6. 가게나 마트에서 물건을 사려 할 때? A. 구입할 목록을 입으로 외운다. B. 쇼핑하면서 직접 보면서 필요한 물건을 구입한다. C. 미리 구입할 목록을 작성하여 쇼핑한다.	
7. 어떠한 일을 기억하려고 한다. 나는 어떤 방법을 통해 기억하는가? A. 당시 상황에서 나왔던 말들을 기억하려 한다. B. 당시의 분위기를 머릿속으로 그려 본다. C. 당시에 느꼈던 감정을 느끼려 한다.	
8. 외국어가 가장 잘 습득되는 방법은? A. mp3를 수시로 듣는다. B. 직접 글씨를 써 본다. C. 외국어 수업에 참여한다.	
9. 글자의 철자가 정확히 기억나지 않을 때는? A. 소리 내어서 말해 본다. B. 마음속으로 글자를 그려 본다. C. 글자를 여러 번 써 본다.	
10. 어떤 글이 가장 재미있게 느껴지는가? A. 인물 간의 대화가 많을 때 재미있다. B. 장면을 상상할 수 있는 묘사의 글이 많을 때 재미있다. C. 액션이 포함된 내용이 많을 때 재미있다.	

11. 평소 만나는 사람들을 기억해 내는 방법은? A. 이름이나 그 사람이 했던 말 B. 얼굴, 복장 혹은 신체적 특징 C. 버릇, 말투, 신체 동작	
12. 잠을 잘 때 가장 방해가 되는 것은? A. 소리(소음) B. 조명, 불빛 C. 온도	
13. 평소에 어떻게 옷을 입는가? A. 옷에 별로 관심이 없다. B. 단정한 스타일을 선호한다. C. 활동하기에 편한 옷을 선호한다.	
14. 운동을 하거나 육체적인 일을 할 때는? A. 다른 사람과 이야기를 하거나 라디오를 들으면서 일한다. B. TV를 보면서 일한다. C. 하고 있는 일에만 집중한다.	

A 개수 청각형 학습 스타일	B 개수 시각형 학습 스타일	C 개수 신체감각형 학습 스타일

출처: 권창미 · 송창백(2016), pp. 54-55. 수정 · 보완.

앞에서 자신이 어떠한 학습자이며, 어떠한 학습 스타일을 선호하는지 알아보았다. 그러면 이제 자신에게 맞는 학습 방법은 무엇인지 다음 그림을 보고 생각해 보자(권창미 · 송창백, 2016).

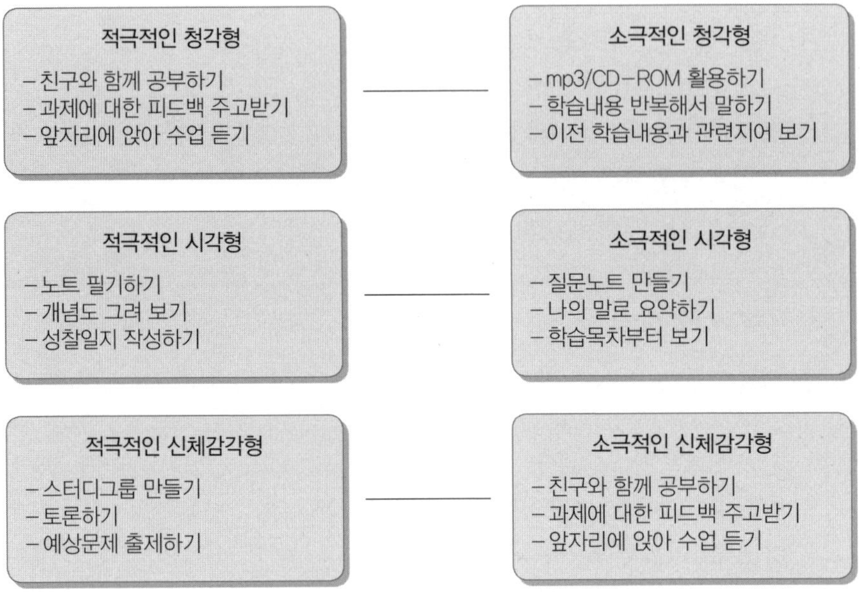

[그림 6–1] 학습 스타일에 맞는 학습 방법

2) 대학 학년별 세부 계획 수립하기

대학생들이 취업을 위해 준비하는 것은 무엇일까? 대부분의 대학생들에게 물어보면 전공 학점, 외국어 시험 또는 자격증 등일 것이다. 학점과 외국어 공부 등이 불필요한 것은 아니지만 필요 이상으로 이것에 매진하는 것이 문제이다. 〈표 6–1〉은 4년 동안 취업을 위한 대학생의 경력 개발 세부 전략이다(이형국 외, 2015).

〈표 6-1〉 대학 학년별 세부 계획

1학년 시기: 진로 탐색의 과정		
모든 가능성에 도전!!	⇨	–1학년 시절은 대학 생활을 경험해 가는 시기 –자신의 진로를 탐색하는 시기
		–동아리, 여행, 알바, 자원봉사 등 다양한 경험을 통해 자신의 흥미와 적성을 파악하고 자신이 원하는 진로를 계획하는 시기
		–학점 관리: 학점 관리는 1학년 때부터
		–어학 실력, 특히 영어는 취업 필수 조건 –매일 조금씩 영어 소설, 영화 등으로 어학에 대한 감각을 키우는 것이 중요
2학년 시기: 진로 선택의 과정		
준비하라, 계획하라	⇨	–진로를 결정해야 하는 시기 –취업에 대해 구체적으로 준비하는 시기
		–전공 동아리 활동, 전공 학회 가입 등을 통한 대내외적 활동에 적극적으로 동참하여 사회 인맥을 형성
		–학점은 최소 3.5 정도는 유지 –다양한 형태 공부 / 공인 시험 응시
		–경험 도전: 자신의 진로를 결정했다면 그 분야에 관련된 경험에 도전 –해외여행, 해외 봉사 활동 등을 통해 견문을 넓히기
3학년 시기: 경력 관리 과정		
취업! 출발점에 서다.	⇨	–진로 설정이 끝나 있어야 하는 시기 –취업에 대한 본격적인 준비
		–기업 인·적성 검사 준비 –기업 인턴 및 모니터링 요원 활동 등
		취업 관련 부서 방문 –취업 정보와 취업 서류 작성법 습득, 전문가의 피드백 –본격적인 영어 공인 점수 만들기 돌입
		–단기 어학연수, 봉사 활동, 알턴(아르바이트+인턴)등의 활동
4학년 시기: 사회 진출 준비 과정		
취업 준비 끝. 사회야 기다려라, 내가 간다.	⇨	–4학년은 더 이상 학생이 아니라 예비 사회인
		–직무에 맞는 구직 서류 준비 –기업의 인재상과 조건 등을 갖춤
		–취업 스터디 및 영어 스터디 모임에 적극적 활동 –취업 설명회, 박람회 적극적 참가
		–희망기업 인턴사원 도전(경력 인정 및 해당 기업에 지원할 경우 가산점 부여)

출처: 이형국 외(2015), pp. 157-158. 수정·보완.

Activity 6-3

■ 현재의 나의 대학 생활 점검하기

현재 자신의 대학 생활을 점검해 봅시다. 학점, 자격증 및 전공, 직무 관련 경험, 대인관계 등의 자신의 현재 경력을 점검해 보고 부족하다면 어떻게 개선해 나갈지를 생각해 봅시다.

항목	현재 상태	Up-Grade!!!
학점 관리와 학교생활	현재 학점 관리와 전공과 관련한 경력 관리는 어떠한가?	부족하다면 개선 방안을 적어 봅시다.
	• 학점: • 토익:	• 학점: • 토익:
	학교나 학과 행사, 동아리 활동에 참가한 경험을 적어 봅시다.	부족하다면 개선 방안을 적어 봅시다.
	⇨	⇨
자격증과 외국어	자신의 전공과 관련한 다양한 분야의 자격 정보들을 탐색하거나 취득해 본 적이 있는가?	부족하다면 앞으로의 계획을 적어 봅시다.
	⇨	⇨
	자격증 취득이나 외국어 능력 향상을 위해 어떤 노력을 하는가?	부족하다면 앞으로의 계획을 적어 봅시다.
	⇨	⇨

전공 관련 경험 및 기타 경험	전공 관련 분야에 대한 경험과 경로를 얼마나 알고 있는가?	부족하다면 앞으로의 계획을 적어 봅시다.
	⇨	⇨
	최근 봉사 활동 경험은?	부족하다면 앞으로의 계획을 적어 봅시다.
	⇨	⇨
대인관계	아는 교수님, 선후배, 친구, 지인들의 이름을 적어 봅시다.	사회적 인맥을 확장할 방법을 찾아봅시다.
	• 교수님: • 선후배: • 친구:	⇨
	진로나 취업과 관련한 고민을 주로 누구와 풀어 가는가?	효과적인 멘토를 찾아봅시다.
	⇨	⇨

출처: 이형국 외(2015), p. 161. 수정 · 보완.

2. 목표 설정하기

사람들은 인생에 있어 목표를 정하는 것이 삶에 많은 변화를 준다는 것을 알고 있지만 실제로 구체적 목표를 세우고 실천해 나가는 사람은 드물다. 왜냐하면 많은 사람들이 목표를 어떻게 설정해야 하는지 모르고 있기 때문이다. 목표를 가지고 있어도 그 목표를 들여다보면 '행복해지고 싶다' '돈을 많이 벌고 싶다' '좋은 사람을 만나고 싶다'와 같은 비구체적인 소망만 있을 뿐이다. 목표는 소망과 달리 구체적이고 명확해야 한다. 그리고 사람들에게 쉽게 설명할 수 있어야 하고 성취 여부도 측정할 수 있어야 한다(황매향 외, 2011).

아무리 대단한 목표를 가지고 있다 하더라도 마음속으로만 간직하고 있다면 아무 소용이 없다. 왜냐하면 목표를 천명한 적이 없기 때문에 중도에 포기하기가 쉽고 현실과 타협하기도 쉽기 때문이다(남미정, 2015). 다음의 읽기 자료는 인생에 있어 목표가 자신의 인생뿐만 아니라 사회에도 영향을 미칠 수 있다는 사례이다.

[읽기 자료 6-1] 글로벌 리더: '승부사' 손정의 회장의 50년 인생 계획

손정의의 '50년 인생 계획'은 그가 사회생활을 막 시작한 19세에 50년 인생 계획을 세우고 지금까지 하나씩 실천에 옮겨 왔다.

그의 50년 인생 계획에 따르면, 20대에 이름을 알리고, 30대에는 사업 자금을 모으고, 40대에 큰 승부를 걸고, 50대에 사업 모델을 완성시켜서, 60대에 다음 세대에 물려주겠다는 것이다.

소프트뱅크는 그의 50년 인생 계획에서 출발점이자 종착역이라 해도 과언이 아니다. 현재 소프트뱅크는 명실공히 세계 이동통신업계 3위의 아성을 지키고 있다.

이 회사는 1981년 손정의가 미국 UC버클리를 졸업하고 외가 친척 등으로부터 1억 엔을 빌려 단 2명의 아르바이트 직원과 함께 '유니슨월드'라는 컴퓨터 도매업체로 출발하였다. 당시 손정의가 "이 회사를 10년 안에 연매출 500억 엔 기업으로 키우겠다."라고 장담하자 아르바이트 직원들은 바로 사직서를 냈다고 한다. 구멍가게 사장이 하는 말을 그저 허풍으로 받아들인 것이다.

그러나 그의 호언은 현실이 됐다. 손정의는 유니슨월드라는 회사명을 주식회사 일본 소프트뱅크로 바꾸고 조신전기와의 소프트웨어 납품 계약 체결을 시작으로 무섭게 성장했다. 그는 소프트웨어 납품과 함께 컴퓨터 관련 출판 사업에까지 뛰어들었다.

37년간 그의 거침없는 추진력으로 현재 소프트뱅크 그룹은 756개의 자회사와 105개의 관련사를 거느린 거대 IT 기업이 되었다.

올해 손정의 회장의 나이 57세. 소프트뱅크는 이동통신, 소프트웨어, 로봇, 태양광, SNS 등 다양한 분야에서 눈부신 성공을 거뒀다. 그의 인생 계획대로라면 3년 후에는 이 거대한 왕국을 차세대에 물려줘야 한다. 후계자 선정이 그의 마지막 과업인 셈이다.

그의 후계자가 글로벌 시장에서 잔뼈가 굵은 전문 경영인으로 선정될지, 경력은 없지만 앞날이 유망한 청년 중에서 선발될지는 미지수다.

손정의는 소프트뱅크 아카데미아 학생들에게 "어느날 갑자기 준비 없이 찾아와 쉽게 물려줄 건 아니다."라며 "바통을 넘기는 순간 소프트뱅크는 최대의 위기에 놓인다."라고 각오를 단단히 다지도록 당부했다고 한다.

출처: 이투데이(2015. 3. 19.). 수정 · 보완.

Activity 6-4

■ 인생 목표 설정하기

여러분의 인생 목표 세 가지를 아래 빈칸에 적어 봅시다. 개인적인 목표, 교육적 목표, 직업적 목표로 정리하여 적어 봅시다. 주의할 점은 이들 목표가 여러분에게 중요한 것, 현실성이 있어 목표 달성 가능성이 있는 것과 여러분이 통제 및 조절할 수 있는 것이어야 합니다.

목표
1. 개인적 목표:
2. 교육적 목표:
3. 직업적 목표:

위에 작성한 인생 목표를 기술하고 달성하기 위한 단기 목표를 적어 봅시다. 참고적으로 단기목표를 1~3까지 반드시 다 적을 필요는 없습니다.

목표 1:

단기목표 1:

단기목표 2:

단기목표 3:

목표 2:

단기목표 1:

단기목표 2:

단기목표 3:

목표 3:

단기목표 1:

단기목표 2:

단기목표 3:

출처: 황매향 외(2011), p. 176. 수정 · 보완.

3. 실천 행동 계획하기

모든 사람에게 매일 24시간의 시간이 똑같이 부여된다. 누군가는 24시간이 모자랄 만큼 알차고 계획적으로 보내는가 하면, 누군가는 어영부영 쓸데없는 일들로 허송세월 시간을 보내다 하루를 모두 소모해 버린다. 시간은 절대적인 것 같지만 사실 그것을 사용하는 사람에 따라 얼마든지 달라질 수 있다. 따라서 시간을 가치 있고 의미 있게 사용하는 것은 매우 중요하다.

우리에게는 매 순간마다 할 일들이 주어지고 그에 따른 의사 결정과 선택을 해야 한다. 수많은 대안 중에서 무엇을 먼저 해야 하는가를 정하는 데 우선시되는 기준은 무엇인가? 시간 영역을 두 개의 축으로 구분해 볼 수 있는데, 한 축은 중요한 일과 중요하지 않은 일, 다른 한 축은 긴급한 일과 긴급하지 않은 일로 나뉜다. 이 두 개의 축으로 다음 그림과 같이 네 개의 영역이 나오게 된다(남미정, 2015).

〈표 6-2〉 시간 영역

긴급하지 않지만 중요한 일	긴급하면서 중요한 일
앞으로 발생할 일들을 미리 계획하고 준비하는 데 많은 시간과 에너지를 투입하는 일이다. 미래에 대해 준비하거나 젊을 때부터 건강 관리를 하는 등의 일은 이 영역에 속하는 일로 당장 급해 보이지 않지만 중요한 일이다. 영어 공부하기, 책 읽기, 운동하기 등	이런 일들이 계속해서 주어진다면 많은 시간과 에너지가 투입되어야 하므로 다른 일을 하기 어렵다. 학교 숙제하기, 집안일 하기 등
긴급하지도 않고 중요하지도 않은 일	**긴급하면서 중요하지 않은 일**
한마디로, 해도 되고 안 되는 일들로 시간을 허비하는 일들이라 할 수 있다. 현재 자신이 이 영역에 속하는 일을 많이 하고 있다면 명확한 목표를 정하고 최대한 낭비하는 시간을 줄여라. 인터넷 쇼핑하기, TV 보기 등	이 영역에 많은 시간을 보내는 사람은 늘 바쁘고 쉴 시간 없이 일을 하지만 실속을 찾을 수 없다. 울려 대는 전화나 메시지에 일일이 답하기, 모든 경조사에 참여하기 등

Activity 6-5

■ 나의 시간 관리

각 사분면에 자신의 사례를 넣어 봅시다.

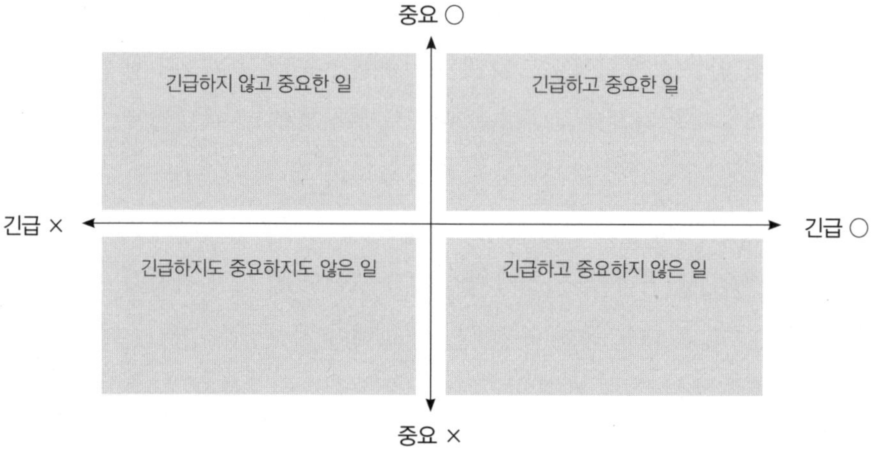

■ 나의 시간 관리 점검표

내용을 읽어 보고 10점을 기준으로 점수를 채점해 봅시다.

내용	점수 기준 (1~10점)
1. 나는 시간 관리의 중요성을 알고 있다.	
2. 나는 목표를 정하고 행동한다.	
3. 나의 일의 우선순위를 정해 놓는다.	
4. 내가 중요하다고 생각한 일을 할 때는 주변 사람들의 제안이 있어도 그 일을 계속하는 편이다.	
5. 나는 목표로 한 일을 다 했을 때 성취감을 느낀다.	
6. 나는 무리하게 목표를 세우지 않는다.	
7. 나는 내 일정을 미리 수첩에 기록한다.	
8. 나는 시간 관리 방해 요소들을 과감히 제거할 수 있다.	
9. 나는 구체적이고 정확하다.	
10. 나는 일과 휴식을 병행할 수 있다.	
합계	

100~80점: 시간 관리를 잘 하고 있다. 이미 당신은 시간 관리 전문가이다.
80~60점: 조금 더 노력하면 시간 관리 전문가가 될 수 있다.
60~40점: 시간 관리의 중요성은 알지만 행동하기가 어렵다.
40점 이하: 시간 관리의 중요성을 이해하고 있지 않다.

출처: 남미정(2015); 김순향(2017), p. 248. 수정 · 보완.

행동이 없는 계획은 단지 신기루일 뿐이다. 만약 실현 불가능한 계획을 세우기보다 실현 가능한 계획을 세운다면 미루지 않고 그다음 단계로 넘어갈 수 있다. 행동 계획의 실현을 위한 최고의 현실 검증은 지금 그것을 실행할 수 있는가를 결정하는 것이다(황매향 등, 2011).

행동 계획을 실천하기 위해서는 달성하고자 하는 실천 행동이 구체적(Specific)이고 측정 가능(Measurable)해야 하며, 달성 가능한(Achievable) 계획을 설정해야 한다. 또한 그 계획이 자신의 상황에서 현실적(Realistic)이고 타당해야 하며, 제한된 시간(time-based)에 존재해야 한다(권창미, 송창백, 2016). SMART 기법은 실천 행동 계획을 작성할 때 매우 유용한 방법이다. 다음 〈Activity 6-6〉은 SMART 기법을 통한 실천 행동을 계획하기 활동이다(남미정, 2015). 성적을 향상시키겠다는 예시를 보고 여러분이 실천해야 할 행동을 SMART 기법으로 작성해 보자.

Activity 6-6

■ 실천 행동 계획서

다음의 예시를 참고하여 자신의 진로 실현을 위한 목표를 정한 후에 SMART 기법에 맞춰 실천 행동을 계획해 봅시다.

기법	Specific 구체적인	Measurable 측정 가능한	Achievable 달성 가능한	Realistic 현실적인	Time based 제한된 시간에
예시	이번 학기 학교 성적을 지난 학기보다 평균 평점 0.5를 향상시키겠다.	전공과목은 A학점 이상, 교양과목은 B학점 이상 받겠다.	나는 저녁에 오늘 배운 내용을 복습하겠다.	아침에 일어나서 한 시간, 저녁때 한 시간씩 매일 공부하겠다.	이번 학기에 평점 3.5 이상의 성적을 받겠다.
실천행동 1					
실천행동 2					

출처: 남미정(2015), p. 351. 수정 · 보완.

제 3 부

직업 세계의 이해

제1부와 제2부에서는 자기이해 과정으로 자기인식과 진로 탐색 및 설계를 통해 자신의 직업적 흥미, 적성, 의사 결정 유형, 학습 스타일을 파악하였다. 제3부는 자기이해의 후속 과정으로 자신에게 적합한 직업은 무엇이며 그러한 직업에서 수행되는 직무와 요구되는 능력은 무엇인지, 그리고 직업과 직무에 대한 정보는 어떤 과정으로 탐색해야 하는지를 살펴보는 내용으로 구성하였다. 먼저 제7장 '직업의 이해'에서는 직업의 정의와 성립 요건, 직업의 목적, 직업 환경의 변화와 같은 기초적인 직업 정보와 직업의 종류, 창업과 창직, 직업 선택의 조건을 다루었다. 제8장 '직무의 이해'에서는 직무의 개념, 직무의 종류와 같은 기초적인 직무 정보와 역량의 개념, 역량의 종류와 같은 기초적인 역량 정보, 그리고 직무에 따른 필요 역량을 다루었다. 제9장 '직업과 직무의 탐색'에서는 직업과 직무 정보 수집 방법, 직업과 직무 정보 찾기, 채용 정보 찾기, 기업 탐색에 대한 내용을 상세히 다룬다.

제7장

직업의 이해

1. 직업에 대한 기본적 이해

1) 직업의 정의와 성립 요건

직업(職業)이란 '직(職)'과 '업(業)'의 합성어로, 먼저 '직(職)'은 국가로부터 위임받은 일정한 범위의 직무나 지위를 뜻하는 관직과 직위의 뜻과 직책이나 직업상의 맡은 바 임무와 책임을 맡아 수행한다는 사회적 역할의 의미도 가지고 있다. 또한 '업(業)'은 개인이 생계를 위해 하는 일이라는 뜻과 자신의 능력을 발휘하기 위해 한 가지 일에 몰두한다는 뜻을 가진다. 따라서 직업은 개인이 맡아 책임감 있게 수행하는 직무성과 생계유지를 위해 수행하는 노동성의 이중적 의미를 함께 가지고 있다(권창미, 송창백, 2016).

또한 직업이란 분업화된 사회에서 인간이 생활의 물적 기초를 마련하기 위하여 전문적으로 행하는 생업 활동을 의미하기도 하고, 개인이 사회생활을 영위하고 수입을 얻을 목적으로 자신의 적성과 능력에 따라 한 가지 일에 일정한 기간 동안 지속적으로 종사하는 사회 활동을 의미하기도 한다(김승렬, 곽진조, 송진영, 2017). 하지만 기독교에서는 직업을 단순히 개인의 사회적 삶과 꿈을 이루는 수단이자 도구로서만이 아닌 하나님 나라의 구현을 위한 경작자로서의 거룩한 소명으로 하나님의 꿈과 비전을 이루는 수단이자 도구로 생각하기도 한다.

한편, 사회 활동이 직업으로 인정받기 위해서는 몇 가지 성립 요건에 부합해야 하는데, 첫째, 일시적이지 않고 지속적으로 수행되어야 하며(계속성), 둘째, 하는 일에 대한 대가가 분명히 수반되어야 하고(경제성), 셋째, 사회의 공동생활에 기여하는 것으로 법에 저촉되지 않아야 한다(윤리성과 사회성)(남미정, 2015).

[읽기 자료 7-1] 직업의 의미

1. 경제적 측면: 생계유지, 가족 부양, 다양한 문화 및 복지 생활의 토대
2. 사회적 측면: 사회적 역할 인식, 공동체 의식, 민주시민 의식
3. 심리적 측면: 자기정체성 및 자신감, 사회적 인정, 가족 구성원의 존경과 사랑

출처: 김인기(2017).

Activity 7-1

다음 보기의 내용을 읽고 직업이라고 생각하면 ○, 직업이 아니라고 생각하면 × 표시를 하고 그 이유에 대해 서로 이야기해 봅시다.

1. 아르바이트는 직업이라고 볼 수 있다. (　)
2. 장기간 이뤄지는 무급 자원봉사도 직업이라고 볼 수 있다. (　)
3. 매월 소득이 있는 조직폭력배도 직업이라고 볼 수 있다. (　)

2) 직업의 목적

사람들은 일반적으로는 생계유지의 수단, 사회 참여와 봉사, 자아실현을 목적으로 직업을 가진다(김순향, 2017). 그중에서도 평생 직업으로서 직업을 선택하기 위해 중요한 직업의 목적은 자아실현인데, 우리는 보통 이를 꿈이라고 표현하기도 한다. 사람들은 누구나 자신만의 인생의 목표를 가지고 있고 그것을 이루는 것을 꿈을 이룬다고 이야기한다. 최근 대학생들은 어려운 취업 환경 속에서 단순히 원하는 직업을 가지게 되는 것을 꿈을 이루는 것으로 생각하고 공부하는 경우가 많다. 하지만 직업을 꿈으로 가지고 살면 꿈을 달성했을 때 인생의 목표가 모호해진다. 경우에 따라서는 원하는 직업을 가지지 못해 스스로 실패한 인생이라고 자책할 수도 있다. 따라서 직업은 궁극적으로 이루고자 하는 꿈을 이루기 위한 수단으로 인식하고 선택하여야 하며, 그러할 때 꿈을 이루기 위한 노력을 계속적으로 이어 갈 수 있을 것이다.

Activity 7-2

Q1. 여러분의 꿈은 무엇입니까?

Q2. 여러분은 꿈을 이루기 위해 졸업 이후 어떤 직업을 선택하고 싶으십니까? 여러분이 원하는 직업을 우선순위에 따라 세 가지를 적어 보시기 바랍니다.

- 1순위:
- 2순위:
- 3순위:

3) 직업 환경의 변화

최근에는 직업 환경이 사회 변화에 대응하여 빠르게 변화하고 있다. 몇 가

지 내용을 살펴보면 다음과 같다(남미정, 2015; 조성진, 2015; 황매향 외, 2016)

첫째, 지식기반사회의 이행이 가속화됨에 따라 고숙련된 고학력 인력에 대한 수요가 증가하고 있다.

둘째, 생활 수준의 향상으로 삶의 질을 높이는 직업(예: 숙박업, 관광 관련 사업, 문화 사업, 의료 · 보건 사업, 예방의학 관련 분야 등)의 비중이 늘고 있다.

셋째, 노동 시장의 변화로 여성의 경제 활동 비중이 커지면서 여성 노동력에 대한 수요가 계속적으로 증가하고 있고, 이에 따라 정부도 출산, 육아, 가사로 인한 경력단절여성의 지원과 여성이 일 · 가정 양립이 가능하도록 지원을 강화하고 있다.

넷째, 직장의 구조도 과거 피라미드 구조에서 다이아몬드 구조로 변화하고 있다. 과거에는 다수의 근로자들이 하위층을, 그리고 소수의 관리자들이 중간층을 차지하고, 마지막으로 더 소수의 중역들이 가장 상위를 차지했었다. 그러나 오늘날에는 대다수의 근로자들이 고도로 숙련된 사람으로 중간층을 차지하고, 조직의 하위층은 좁아져서 기술 수준이 낮거나 기술이 없는 근로자들은 설자리는 더욱 좁아졌고, 승진을 통해 올라갈 수 있는 상위층도 더욱 좁아졌다.

다섯째, 산업 구조의 고도화와 지식정보화 사회로의 진입으로 정보와 서비스 직종이 제조업 직종을 대체하고 있다. 향후 빠르게 증가될 업종으로는 통신업, 정보 처리 및 기타 컴퓨터 운영 관련업, 사회복지사업, 사업지원 서비스업, 여행 알선, 창고 및 운송 관련 서비스업, 항공 운송업, 영화, 방송 및 공연 산업 등이 있다.

여섯째, 경제의 글로벌화로 개인의 구직 활동의 범위가 전 세계로 넓혀질 것이며 이에 따라 다양한 문화의 사람들과 함께 일을 해야 한다. 또한 국가 간이나 기업 간의 이해관계로 발생하는 여러 문제들을 해결해 주는 국제 관련 전문가의 수요 역시 증가할 것으로 예상된다.

일곱째, 새로운 성장 엔진으로서의 녹색성장이 중시되고 있다. 따라서 태양광, 풍력, 지열, 조력을 이용하는 전기 생산, 전기로 움직이는 자동차, 에너지 소모를 최소화한 현대식 건물, 폐기물을 재활용하는 자원 순환 기술 등이 부각되고 있다.

여덟째, 획기적인 기술의 진보(로봇, 인공지능, 빅데이터, 산업 인터넷 등)로 산업 분야의 획기적인 재편과 생산과 관리, 지배 구조 등을 포함해 전체적인 시스템의 변화(4차 산업혁명)를 초래할 것으로 여겨진다. 이에 기술 융합을 통한 생산성 증가와 생산 · 유통 비용의 감소에 따른 소득 증가와 삶의 질이 향상되겠지만, 한편으로는 고기술/고임금, 저기술/저임금의 격차가 커져 노동 시장과 일자리 양극화가 심화될 가능성이 있다.

[읽기 자료 7-2] 직업 환경의 주요 변화

- 기술이 발전함에 따라 단순 육체노동의 비중은 줄어들고, 전문 기술 및 지식을 요구하는 직업이 증가할 것이다.
- 첨단 기술이 지속하여 발달하면서 기술의 개발과 보급, 활용에 관련된 첨단 직업이 증가할 것이다.
- 생활 수준의 향상과 문화 · 복지 분야에 대한 욕구의 증가로, 복지, 요양, 환경 관련 직업이 증가할 것이다.
- 국제화, 세계화의 추세에 따라 국제적 직업이 더욱 활성화될 것이다.

출처: 김승렬 외(2017).

[읽기 자료 7-3] 2017 한국직업전망으로 본 향후 직업 세계 변화 7대 트렌드

1. 4차 산업혁명을 선도하는 기술직의 고용 증가
2. 4차 산업혁명의 핵심 인재를 중심으로 인력의 재편 가속화
3. 기계화 · 자동화로 대체 가능한 직업은 고용 감소
4. 고령화 · 저출산 등으로 의료 · 복지 관련 직업의 고용 증가
5. 경제 성장과 글로벌화에 따른 사업서비스 전문직의 고용 증가
6. 안전 의식이 강화되면서 안전 관련 직종의 고용 증가
7. 기존 업무에 ICT(Information & Communication Technology) 스킬이 융합된 업무 증가

* ICT는 정보 기술(Information Technology, IT)과 통신 기술(Communication Technology, CT)의 합성어로 정보 기기의 하드웨어 및 이들 기기의 운영 및 정보 관리에 필요한 소프트웨어 기술과 이들 기술을 이용하여 정보를 수집, 생산, 가공, 보존, 전달, 활용하는 모든 방법을 의미함

출처: 워크넷(http://www.work.go.kr)

[읽기 자료 7-4] 4차 산업혁명

4차 산업혁명이란 3차 산업혁명을 기반으로 한 디지털, 생물학, 물리학 등의 경계가 없어지고 융합되는 기술 혁명으로 2016년 1월 스위스 다보스에서 열린 세계경제포럼(WEF: World Economic Forum)에서 4차 산업혁명을 주요 의제로 설정하면서 알려지기 시작하였으며, 4차 산업혁명 주창자이자 WEF 회장인 클라우스 슈밥은 인공지능과 로봇, 빅데이터와 클라우딩, 3D프린팅과 쿤텀 컴퓨팅, 나노, 바이오기술 등 거의 모든 지식정보 분야에 걸친 눈부신 속도의 발전이 4차 산업혁명을 이끌고 있다고 밝혔다.

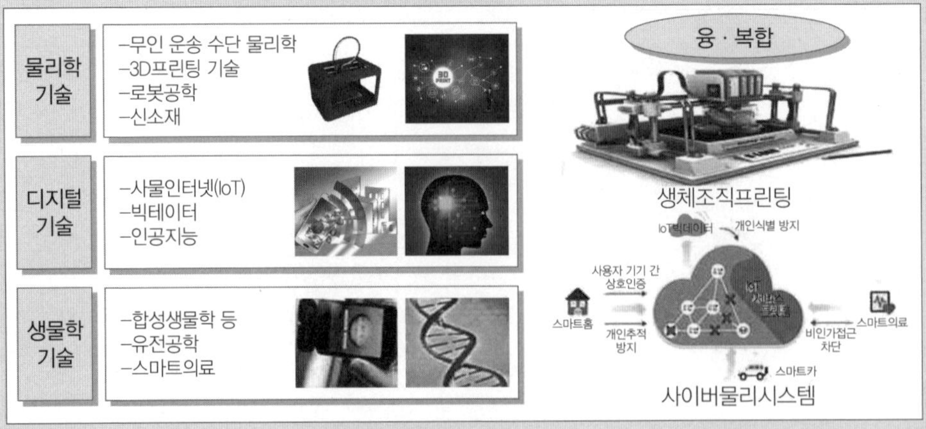

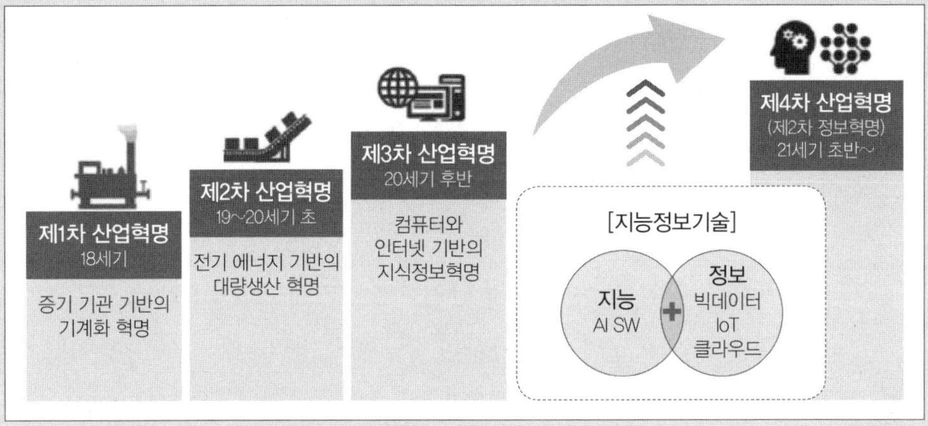

출처: Schwab(2016); 현대경제연구원(2016); Schwab(2016)

[읽기 자료 7-5] 산업혁명 발전 단계별 특징

시기	내용	주요 산업	핵심 키워드	핵심 성공 요인	노동 관점	자원의 성격
제1차 산업혁명 (18세기)	증기 기관 기반의 기계화 혁명	증기 기관, 면공업, 철공업	기계화	자원	단순 육체노동 대체	소유
제2차 산업혁명 (19~20세기)	전기 에너지 기반의 대량생산혁명	전기, 통신, 자동차(벨트 컨베이어 사용)	공업화	자본	주요 육체노동 대체	소유
제3차 산업혁명 (20세기 후반)	컴퓨터와 인터넷 기반의 지식정보혁명	반도체, 인터넷, 자동화	정보화	데이터	단순 지식노동 대체	개방
4차 산업혁명 (21세기 초반~)	지능 정보 기술의 융복합에 의한 차세대 산업혁명	융복합	초연결, 지능화	지식	고급 지식노동 대체	공유

출처: 진재한, 안진호(2017). 수정·보완.

2. 직업의 종류

우리 사회에는 다양한 직업이 있다. 사회가 변화하고 발전함에 따라 직업의 수도 많아지게 되었는데 그 이유는 직업이 보다 세분화되고 전문화되면서 그 수가 많아졌기 때문이다. 1차 산업혁명 시기에만 해도 약 400여 종에 지나지 않았던 직업의 종류가 2차 산업혁명 시기에는 약 10,000종으로 늘어났다(권석만, 1997, p. 390). 우리나라의 경우에도 1957년에 2,300여 종이던 직업의 종류가 2017년 말 기준으로 1만 5,715개로 늘어났다(워크넷, www.work.go.kr).

〈표 7-1〉 직업의 종류

직업 분류	직업의 종류
관리, 경영, 금융, 보험	관리직, 경영 · 회계 · 사무 관련직, 금융 · 보험 관련직 등
교육, 연구, 법률, 보건	교육 및 자연과학 · 사회과학 연구 관련직, 법률 · 경찰 · 소방 · 교도 관련직, 보건 · 의료 관련직 등
사회복지, 문화, 예술, 방송	사회복지 및 종교 관련직, 문화 · 예술 · 디자인 · 방송 관련직 등
운송, 영업, 판매, 경비	운전 및 운송 관련직, 영업 및 판매 관련직, 경비 및 청소 관련직 등
미용, 숙박, 여행, 스포츠, 음식	미용 · 숙박 · 여행 · 오락 · 스포츠 관련직, 음식서비스 관련직 등
건설, 기계, 재료, 화학, 섬유	건설 관련직, 기계 관련직, 재료 관련직, 화학 관련직, 섬유 및 의복 관련직 등
전기, 전자, 정보 통신	전기 · 전자 관련직, 정보 통신 관련직 등
식품, 환경, 농림어업, 군인	식품 가공 관련직, 환경 · 인쇄 · 목재 · 가구 · 공예 및 생산 단순직, 농림어업 관련직, 군인 등
녹색직업	자연보호 또는 보존과학자, 녹색제품 마케팅 매니저, 환경기술자, 태양광 설치 기술자, 녹색건축 디자이너 등

출처: 워크넷(http://www.work.go.kr).

직업은 시대에 따라 사라지기도 하고, 새롭게 생성되기도 하며, 통합되거나 분화하기도 한다. 그렇다면 졸업과 동시에 사회생활을 하게 될 대학생들은 어떤 직업을 선택해야 할까? 일반적으로 많은 대학생이 유망 직업을 선호하는데, 유망 직업이라 하면 일자리가 많고, 급여가 높으며, 고용 안정성이 높고, 전문성과 기술력이 필요한 직업을 의미한다(조성진, 2015). 하지만 다가올 미래에는 유망 직업이 없다고 한다. 그러나 이는 어느 때나 지속적으로 유망한 직업이 없다는 이야기일 뿐, 어느 특정한 시기에는 유망 직업이 있을 수도 있다. 따라서 향후 직업을 선택하는 데 있어서는 다가올 미래에 대한 예측을 통해 유망 직업을 탐색하고 선택하는 것이 바람직하다. 앞서 살펴본 것과 같이 향후 지식기반사회의 이행이 가속화, 생활 수준의 향상, 노동 시장의 변화, 직장 구조의 변화, 산업 구조의 고도화와 지식정보화 사회로의 진입, 경제의 글로벌화, 녹색성장 중시, 획기적인 기술의 진보의 변화가 나타날 것으로 예측되는 바, 이를 고려한 직업 선택이 필요하다.

〈표 7-2〉 가장 빠르게 일자리 성장이 예상되는 직업(2008~2018년)

(단위: 천 명, %)

순위	전 직업	2008	2018	연평균 증감률 (2008~2018)
1위	여행 및 서비스 관련 종사자	41	71	5.6
2위	컴퓨터 시스템 설계 전문가	20	33	5.3
3위	의료 및 보건 서비스 관련 종사자	44	71	5
4위	법률 전문가	27	44	4.9
5위	사회복지 및 상담 전문가	97	157	4.9
6위	영화, 연극 및 방송 관련 기술 종사자	25	40	4.8
7위	회계, 세무 및 감정평가 관련 전문가	31	49	4.7
8위	법률 관련 사무원	50	79	4.7
9위	통신 및 방송 장비 기사 및 설치 및 수리원	80	124	4.4
10위	금융, 보험 관련 전문가	64	96	4.2

11위	치료사	36	55	4.2
12위	학예사, 사서 및 기록물 관리사	18	27	4.2
13위	경비원	248	373	4.2
14위	의료 복지 관련 단순 종사자	190	285	4.1
15위	경호원, 청원경찰, 보안 관련 종사자	58	87	4.1
16위	보육교사, 육아 도우미 및 생활지도원	250	370	4
17위	간호사 및 치과위생사	182	268	3.9
18위	영화, 연극 및 방송 관련 전문가	41	59	3.8
19위	광고 홍보, 조사, 행사 기획 관련 전문가	38	55	3.7
20위	사회서비스 관리사(교육, 법률, 보건 등)	31	47	3.4
계		23,577	25,659	0.8

출처: 한국고용정보원(http://www.keis.or.kr).

(단위: %)

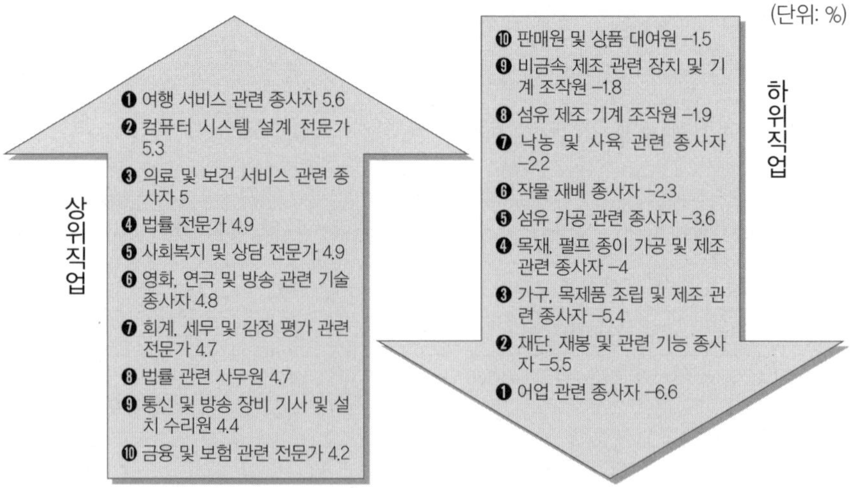

출처: 한국고용정보원(http://www.keis.or.kr).

Activity 7-3

Q1. 여러분이 선택한 전공과 관련한 직업 분야에서의 변화에 대해 이야기를 나눠 봅시다.

[읽기 자료 7-6] 4차 산업혁명으로 사라질 위험성이 높은 직업

BBC가 예측한 사라질 위험성이 높은 직업들

단위: 명

순위	직업	Job Title	위험성	종사자수
1	텔레마케터	Telephone Salesperson	99.0%	43,000
2	(컴퓨터)입력요원	Typist or related keyboard worker	98.5%	51,000
3	법률비서	Legal secretaries	98.0%	44,000
4	경리	Financial accounts manager	97.6%	132,000
5	분류업무	Weigher, garder or sorler	97.6%	22,000
6	검표원	Routine inspector and tester	97.6%	63,000
7	판매원	Sales administrator	97.2%	70,000
8	회계관리사	Book-keeper, payroll manager or worker	97.0%,	436,000
9	회계사	Finance officer	97.0%	35,000
10	보험사	Pensions and insurance clerk	97.0%	77,000
11	은행원	Bank or post office clerk	96.8%	146,000
12	기타 회계 관리자	Financail administrative worker	96.8%	175,000
13	NGO 사무직	Non-governmental Organisation	96.8%	60,000
14	지역 공무원	Local government administrative worker	96.8%	147,000
15	도서관 사서 보조	Library clerk	96.7%	26,000
				총 종사자 수 1,527,000

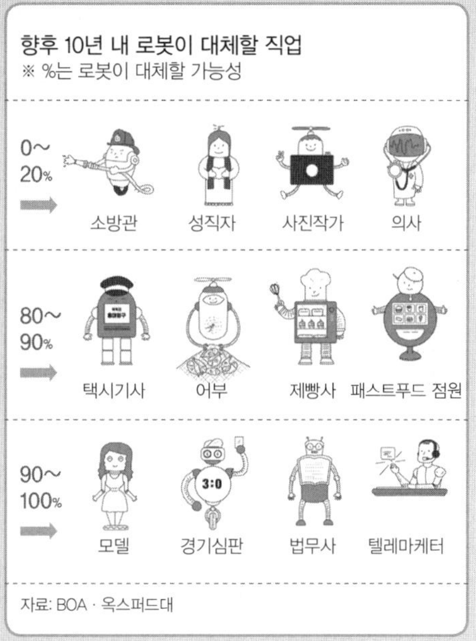

출처: 매일경제(2016. 5. 22), 중앙일보(2016. 1. 20.). 재인용.

Activity 7-4

Q1. 앞에 제시된 직업 외에 여러분이 알고 있는 직업들 중 4차 산업혁명과 같은 사회 변화에 따라 곧 사라질 것이라고 생각하는 직업과, 그렇게 생각하는 이유에 대해 적어 봅시다.

그렇다면 미래를 대비하는 입장에서 직업 선택은 어떻게 해야 할까? 유망 직업을 기준으로 직업을 선택하면 될까? 정답은 그러한 기준으로 직업을 선택하면 안 된다는 것이다. 그 이유를 살펴보면 다음과 같다. 첫째, 급변하는 직업 세계를 예측하기 어렵고 직업 환경의 변화에 따라 직업은 민감하게 생성과 소멸을 반복하기 때문이다. 둘째, 많은 사람들이 유망 직업으로 몰릴 수 있고, 그러면 더 이상 그 직업은 유망 직업이 아닐 뿐 아니라 개인의 차별화된 능력을 발휘하기도 어려울 수 있기 때문이다. 셋째, 유망 직업만 고려하여 진로를 결정할 경우, 자신의 적성이나 흥미와 맞지 않아 후회를 할 수 있기 때문이다(권창미, 송창백, 2016; 남미정, 2015; 조성진, 2015). 따라서 시장의 수요 및 공급 상황과 자신의 직업 경쟁력이 중첩되는 영역에서 자신에게 맞는 직업을 탐색하는 것이 중요하다.

『위대한 혁신』의 저자 피터 드러커는 미래를 개척하기 위해 미래의 변화에 주목하고 자신 스스로 미래를 만들어 가야 한다고 하였다. 따라서 직업을 선택하는 데 있어 유망 직업은 참고만 할 뿐, 미래를 내다보는 눈을 키우고 미래의 유망 직업 속에서 자신만의 차별화 방법을 찾아야 한다. 또한 시장 변화를 인식할 수 있는 통찰력, 새로운 시장을 개척할 수 있는 능력을 마켓센싱(Market Sensing)이라고 하는데, 이러한 능력을 길러 시장 변화를 앞서 파악하고 시장이 원하는 숨은 가치를 찾을 수 있는 사람이 되어야 한다.

3. 창업과 창직

창업은 창업자가 이익을 얻기 위해 자본에 사업 아이디어에서 설정한 재화와 서비스를 조직 또는 시스템을 설비하는 행위로(남미정, 2015), 최근 어려운 취업 환경에서 취업의 대안으로서 관심이 높아지고 있다. 하지만 최근에는 단순히 자신이 사업을 시작하는 것(start-up)을 넘어 회사나 조직에 입사해 새로운 프로젝트를 수행하여 성공적인 결과를 얻어 내는 것 또한 폭넓은 의미의 창업으로 보고 이를 사내 창업이라(corporate enterpreneurship 또는 Interapreneurship)고 한다(교육부, 한국연구재단, 한국청년기업가정신재단, 2015).

이러한 창업 시 주요하게 고려할 점들을 살펴보면 다음과 같다. 첫째, 충분한 정보 수집과 자신의 사업 적성 및 경영 능력을 파악하여야 한다. 둘째, 사업 아이템을 잘 선정하여야 하는데 고객니즈, 유행 아이템, 운영의 편리성, 성격과 경험을 고려할 필요가 있다. 이러한 아이템을 선정할 때 체크해 보아야 할 것은 자신이 잘 알지 못하는 분야는 피하는 것이 좋고, 현재까지 없던 새로운 아이템을 선택하는 것은 현실적으로 위험하다는 사실을 직시하여 생활 속 가까운 사업 아이템을 선정하는 것이 좋다. 또한 사업 아이템 선정 이전에 확실한 사전 조사(지속성, 고객의 수요, 대중성, 비용 등)를 실시하고, 필요하다면 전문가를 활용하여 도움을 받는 것도 도움이 될 수 있다. 셋째, 창업 시기와 입지를 잘 결정하여야 한다. 관련 정책 현황에 비추어 사업장의 위치, 사업장 크기, 설비 등을 사전에 파악해 두어야 한다. 넷째, 자금 조달 및 최적 사업 규모, 사업 형태, 경영 전략을 결정하여야 한다. 다섯째, 비전, 목적, 경영 철학을 결정하고 회사 설립을 하되, 창업을 하는 의미에 대해 충분히 숙고해 볼 필요가 있겠다(남미정, 2015).

Activity 7-5

Q. 자신이 관심을 두고 있거나 생각하고 있는 창업 아이템에 대해 정리하여 주변 사람들과 이야기를 나눠 봅시다.

창직은 기존 노동 시장의 일자리에 진입하지 않고 창조적인 아이디어와 활동을 통해 새로운 직업이나 일자리를 발굴하거나 만드는 것을 말한다. 이는 새로운 일자리가 창출될 가능성이 높아짐에 따라 창직이 늘기 시작하였는데, 창직에 해당되기 위해서는 몇 가지 조건에 부합해야 한다. 그 내용을 살펴보면 다음과 같다(남미정, 2015). 첫째, 기존 직업과 다르며 기존 직업 분류 체계에 반영되지 않은 새로운 직업이어야 한다. 둘째, 지속적으로 수요 창출이 가능한 경쟁력이 있어야 한다. 셋째, 시장에서 실현 가능성이 있어야 한다. 넷째, 청년층이 접근하기 용이한 직업이어야 한다. 다섯째, 직업으로서 경쟁 우위성을 가진 전문적인 직업이어야 한다. 여섯째, 프리랜서로 활동이 가능해야 한다.

[읽기 자료 7-7] 미래 신 직업군

- IT/SW 기술 융합: 정보화 시대에 꼭 필요한 안전망 "사물인터넷(IoT) 보안 전문가", 경험의 패러다임을 바꾸다 "가상현실(VR) 콘텐츠 개발자", 사회 혁신을 주도하는 체인지메이커 "소셜 소프트웨어 개발자", 디지털 시대의 창의적 교육 전문가 "코딩 크리에이터"
- 메이커스 확산: 3D콘텐츠 제작 · 유통 전문가 "팹 크리에이터", 메이커의 시대–상상을 현실로 만드는 사람들 "메이커

스랩 코디네이터", 디지털 홈퍼니싱 1인 생산자 "디지털 카펜터", 나만의 아이디어를 3D로 구현하다 "3D프린팅 콘텐츠 크리에이터", 4차 산업혁명을 이끄는 가내수공업 전문가 "홈팩토리 마스터"

- 교육 서비스: 청소년의 꿈에 날개를 달아 주다 "커리어 액터", 반려동물과 함께 마음을 나누다 "동물 매개 아동지도사", 게임으로 미래형 인재를 키우다 "소셜 게임 큐레이터", 수학으로 교육의 미래를 열다 "매스 큐레이터"
- 개인 사회 서비스: 정리 정돈된 노후 생활을 설계하다 "시니어 라이프 오거나이저", 반려견에게 산책을 선물하다 "도그워커"
- 마케팅 융합: 한국과 세계를 연결하는 홍보마케팅 전문가 "글로벌 소셜 큐레이터", 시니어 소비 시장에 활력을 불어넣다 "시니어 상품 서비스 마케터"
- 문화 기반: 한국의 진짜 매력을 세계에 알리다 "K-컬쳐 체험 여행 가이드", 웹툰의 즐거움을 전하다 "웹툰 에세이스트", 평범한 집을 문화 공간으로 바꾸다 "하우스테이너", 우리 술의 이야기를 세상에 알리다 "우리 술 스토리텔러 주령사"
- 예술 기반: 어제의 물건을 내일의 가치로 바꾸다 "전문 업사이클러", 예술로 세상과 사람을 치유하다 "아트 커뮤니케이터", 장애를 공감하고 흙을 통해 가능성을 찾는 전문가 "장애 공감 도예코치", 웹툰 작가와 작품을 발굴하다 "웹툰 기획 편집자"
- 디자인 응용: 법을 아는 디자이너를 양성하다 "IP 디자이너", 데이터의 가치를 극대화시키다 "데이터 디자이너", 새로운 교육 트렌드를 이끌다 "Edu-Toolkit 디자이너", 정보의 흐름을 읽는 사람들 "데이터 기획자", 게임 마니아가 보드게임 개발자가 되다 "보드게임 디자이너", 지역사회의 문제를 창의적으로 해결하다 "커뮤니티 디자이너"
- 미디어 창작: 아날로그에 IT를 입히다 "스마트 영상작가", 변화하는 세계를 영상으로 전달하다 "영상 맥가이버", 나만의 콘텐츠로 소비자와 소통하다 "미디어 콘텐츠 창작자"

출처: 서울산업진흥원(http://www.sba.seoul.kr).

Activity 7-6

Q. 위의 미래 신 직업군에서 관심이 있는 직업이 있다면 한 가지를 선택하여 구체적으로 조사(주요직무, 요구하는 교육이나 훈련, 수입, 승진 및 장래성, 요구되는 자격 등)해 봅시다.

4. 직업의 선택 조건

앞서 이야기한 것과 같이 꿈을 이루기 위해서는 자신이 마음에 드는 직업을 선택해야 한다. 이를 위해 몇 가지 고려해야 할 사항이 있는데, 첫째는 자신과 관련한 내용으로 적성과 흥미 그리고 자신의 성격과 가치관, 신체적 조건, 가정 환경 등을 종합적으로 고려해야 한다. 둘째는 직업에 대한 내용으로 직업의 전망과 장래성, 자격 조건, 안정성, 소득 등을 고려하여야 한다.

[읽기 자료 7-8] 좋은 직업의 조건

① 생계를 유지하기에 충분한 수입이 있다.
② 일감이 일정하고 계속성이 있다(시장 수요가 강함).
③ 직업 경쟁력이 있다(아무나 일을 대신할 수 없다).
④ 사회적 책임과 역할이 크다.
⑤ 긍지를 가지고 일할 수 있다.
⑥ 자아 성취감을 맛볼 수 있다.
⑦ 다른 사람에게 봉사할 수 있다.
⑧ 원만한 대인관계를 가질 수 있다.

출처: 천재학습백과(http://koc.chunjae.co.kr). 수정 · 보완.

자신의 직업을 통해 삶의 만족을 높이고 자아실현을 하기 위해서는 직업에 대한 분명한 가치관을 가지고 거기에 부합하는 직업을 선택하는 것이 필요하다. 〈표 4-3〉은 워크넷에 제시된 직업가치관의 구성 요인과 관련된 적합 직업을 정리한 것으로 자신의 직업가치관을 고려한 직업을 선택할 때 도움이 될 수 있을 것이다.

〈표 7-3〉 직업가치관의 구성 요인과 적합 직업

번호	가치관	내용	적합 직업
1	성취	• 스스로 목표를 세우고 이를 달성하는 것을 중시 • 도전적 · 진취적 · 경쟁적인 편 • 새로운 과제에 도전하고 성취할 때 기쁨과 보람을 느낌	대학교수, 연구원, 프로 운동선수, 연구가, 관리자 등
2	봉사	• 남을 위해 일하는 것에서 보람을 느끼는 것을 중시 • 따뜻한 마음, 희생정신, 동정심이 많음 • 일을 생계 수단으로만 여기지 않고 주변 사람들을 도와줄 수 있다고 느낄 때 보람을 느낌	판사, 소방관, 성직자, 경찰관, 사회복지사 등
3	개별 활동	• 여러 사람과 어울려 일하기보다는 혼자 일하는 것을 중시 • 집중력을 많이 요하는 일, 참신한 아이디어를 필요로 함 • 대체로 조용하고 온순한 성격인 편이나 경우에 따라 매우 고집이 있거나 개성 있어 보일 수 있음	디자이너, 화가, 연주자 등의 예술 분야 직업, 운전사, 교수 등
4	직업 안정	• 얼마나 오랫동안 안정적으로 일할 수 있는지를 중시 • 일 자체가 반복적이거나 익숙한 일을 하고자 함 • 하나의 전문적 기술을 가지고 오랫동안 꾸준히 일하는 환경을 좋아함	연구가, 미용사, 교사, 약사, 변화사, 기술자 등
5	변화 지향	• 업무가 고정되어 있지 않고 변화 가능한 것을 중시 • 같은 일을 하더라도 자기만의 방식으로 풀어 보려는 연구자적 기질이 있음	연구원, 컨설턴트, 소프트웨어 개발자, 광고 홍보 전문가, 메이크업 아티스트 등
6	몸과 마음의 여유	• 마음과 신체적인 여유를 가질 수 있는 업무나 직업을 중시 • 규칙적인 업무를 통해 자기 시간을 갖거나 자율적 일정 관리가 가능한 직업 선호 • 자신의 개인 생활을 중시함	레크레이션 진행자, 대학교수, 화가, 조경기술자 등
7	영향력 발휘	• 타인에 대해 영향력을 발휘하는 것을 중시 • 자기주장이 강함, 도전적이며 타인과의 교류 즐김 • 타인이 자신의 의견이나 생각을 잘 따르기 바람	감독, 코치, 관리자, 성직자, 변호사 등
8	지식 추구	• 새로운 지식을 얻는 것을 중시 • 여러 가지 현상에 대한 지식 습득을 좋아함 • 일을 통해 다양한 지식을 얻는 것을 보람 있다고 생각함	판사, 연구원, 경영 컨설턴트, 소프트웨어 개발자, 디자이너 등

9	공동체	• 개인의 이익보다 사회와 공동체의 이익을 중시함 • 타인에 대한 희생정신과 공동체를 위해 일하겠다는 사명감이 높음 • 책임감이 많고 규범적 · 희생적이며 소신이 명확함	군인, 경찰관, 검사, 소방관, 사회단체 활동가 등
10	자율성	• 자율적으로 업무를 해 나가는 것을 중시 • 의사 결정 권한도 자신이 갖고 싶어 함 • 스스로 계획을 수립하고 일을 수행하며 자기통제를 잘하는 편임 • 협력은 괜찮지만 명령 지시를 따르는 업무를 좋아하지 않음	연구원, 광고 전문가, 예술가, 자동차 영업원 등
11	금전적 보상	• 금전적 보상을 중시 • 성실하고 열심히 일하는 사람 • 쾌활하고 열정적이며, 힘이 넘치고 도전적임	프로 운동선수, 증권 및 투자중개인, 공인회계사, 금융자산 운용가, 기업 고위 임원 등
12	인정	• 타인으로부터 인정받는 것을 중시 • 사회적으로 명예로운 직업이나 사람들로부터 얻은 인기가 중요 • 자기 일에서 전문적 능력을 쌓아 인정받기를 원함	항공기 조종사, 교수, 운동선수, 연주자, 판사 등
13	실내 활동	• 신체 활동을 덜 요구하는 업무나 직업을 중시 • 대부분 조용하고 편안하고 성실한 편	번역사, 관리자, 상담원, 연구원, 법무사 등

출처: 워크넷(http://www.work.or.kr).

Activity 7-7

Q1. 앞의 직업가치관 중 자신이 중요하게 여기는 가치관 세 가지와 중요하게 여기지 않는 가치관 세 가지를 적어 봅시다.

Q2. 자신이 적은 가치관을 확인하여 모둠원들과 그것을 선택한 이유에 대해 이야기를 나누어 봅시다.

지금까지 직업에 대한 내용을 살펴보았는데 이러한 내용을 종합적으로 고려하여 직업을 선택하면 본인에게 맞는 직업을 찾을 수 있다. 〈표 7-4〉는 직업 정보를 제공해 주는 사이트를 정리한 것으로 활용하면 직업 선택에 많은 도움이 될 수 있을 것이다.

〈표 7-4〉 유용한 직업 정보 사이트

사이트명	주소	내용
워크넷	http://www.work.go.kr	고용노동부 산하 한국고용정보원이 운영하는 고용 정보 시스템. 채용, 직업 지도 프로그램, 취업 가이드, 고용보험, 시간선택제 일자리, 강소기업, 패키지 등 상세 정보 수록
커리어넷	http://www.career.go.kr	교육부 산하 한국직업능력개발원이 운영하는 사이트로 진로 심리 검사, 진로 상담, 직업 · 학과 정보를 상세히 검색할 수 있음
직업훈련포털 HRD-Net	http://www.hrd.go.kr	고용노동부 산하 한국고용정보원이 운영하는 사이트로 훈련 직종별, 지역별, 기간별 직업훈련을 검색할 수 있음
국가직무 능력 표준	http://www.ncs.go.kr	한국산업인력공단에서 운영하는 사이트로 산업 현장에서 직무를 수행하기 위해 요구되는 능력과 관련된 채용 정보를 제공
기업은행잡월드	http://www.ibkjob.co.kr	기업은행이 운영하는 중소기업 취업 포털 서비스, 직종별, 업종별 채용 정보, 면접 자료 제공
잡이룸	http://www.joberum.com	취업 컨설팅 · 콘텐츠 제공 회사인 잡이룸이 운영하는 사이트로 취업 전략, 서류와 면접 전형에 도움이 되는 정보를 제공
한국가이던스	http://www.guidance.co.kr	한국가이던스 홈페이지로 e 심리 검사, 직업 정보 등을 제공
큐넷	http://www.q-net.or.kr	한국산업인력공단의 자격 정보 시스템으로 국가자격, 공인 민간자격 정보와 수험 정보를 제공
알리오	http://alio.go.kr	공공기관의 다양한 정보와 채용 정보를 제공

Activity 7-8

Q. 여러분이 평생 직업으로 갖고자 하는 직업을 생각하고 아래의 질문에 답해 봅시다.

• 내가 선택한 직업: ______________________

① 선택한 직업은 여러분의 적성과 흥미 및 직업가치관에 부합합니까?
② 선택한 직업이 요구하는 교육이나 훈련 내용은 무엇입니까?
③ 선택한 직업의 수입은 안정적이며, 승진 및 장래성 등이 있습니까?
④ 선택한 직업에서 요구되는 자격은 무엇입니까?
⑤ 선택한 직업에 채용되기 위해서는 어떤 준비를 해야 합니까?

제8장

직무의 이해

1. 직무에 대한 기본적 이해

1) 직무의 개념

직업은 제7장에서 살펴본 것처럼 개인이 사회생활을 영위하고 수입을 얻을 목적으로 자신의 적성과 능력에 따라 한 가지 일에 일정한 기간 동안 지속적으로 종사하는 사회 활동을 의미한다. 그리고 직무는 이러한 직업상에서 책임지고 담당하고 있는 사무를 말하며, 보통 한 직업에서 여러 가지 직무를 수행하게 된다. 이러한 직무는 책무(duty), 과업(tasks), 일의 요소(task elements)로 구성된다. 구체적으로 책무(duty)는 관련성 있는 과업의 집합으로 직무를 수행하는 데 가장 주된 책임을 의미하고, 과업은 하나의 책무를 체계적인 방법에 따라 명확하게 구분한 시작과 끝이 명료한 일의 단위를 의미한다(김정원 외, 2011). 국가직무능력표준(National Competency Standards: NCS)은 직무를 수행하기 위해 요구되는 지식, 기술, 태도 등의 내용을 국가가 체계화한 것을 말한다. 국가직무능력표준 NCS 사이트에서 경력 개발-직무 능력 진단 메뉴에 들어가면 요구되어지는 직업 기초 능력 수준과 직무 수행 능력 수준을 확인할 수 있다(국가직무능력표준, www.ncs.go.kr).

2) 직무의 종류

직업 선택에 있어 중요한 것은 먼저 자신이 생각하는 분야의 직무의 종류를 정하는 일이다. 취업 컨설팅 · 콘텐츠 제공 회사인 잡이룸에서는 〈표 8-1〉과 같이 직무 분야를 일곱 가지로 구분하고 각 직무 분야에 따른 직무의 종류를 제시하고 있다.

하지만 이 표에서는 모든 직무를 포함하지 있지 못하므로 없는 것은 국가직무능력표준(NCS) 분류 체계의 대분류를 적용하여 직무를 선택하면 좋을 듯하다. 국가직무능력표준의 분류는 직무의 유형을 중심으로 단계적으로 분류

〈표 8-1〉 직무의 종류

직무 분야	직무의 종류
경영 · 지원직	기획 · 전략, 회계 · 경리, 자금 · 재무, 구매 · 자재, 홍보 · 광고, 인사, 교육, 총무, 법무, 비서, 사무보조
영업 · 유통직	영업 · 영업 관리, 해외영업 · 무역, 마케팅 · 상품 개발, 물류 · 유통, 판매 · 매장 관리, TM · 고객 지원
생산 · 연구직	생산 관리, 생산 기술, 생산 · 기능직, 연구 개발, 품질, 환경 · 안전
IT · 전산직	웹기획 · 웹마스터, 웹디자인, 프로그래머, 시스템 분석 · 설계, 시스템 · 네크워크 관리, 통신기술 · 모바일, 일반기업 IT직
디자인직	그래픽디자인, 제품디자인, 케릭터디자인, 패션디자인, 편집디자인
서비스직	승무원 · 관광, 호텔리어, 인포메이션 · 안내, 텔러 · 금융창구, 외식 서비스
전문 · 기타직	건축 · 토목직, 인테리어, 금융 · 대출 · 보상, 자산 운용 · 증권, 광고 기획, 출판 기획, 기자 · 아나운서, PD, 강사 · 학습지, 간호사 · 의사, 조리 · 영양사

출처: 잡이룸(http://www.joberum.com).

하고 있는데, 한국고용직업분류를 중심으로 한국표준직업분류, 한국표준산업분류 등을 참고하여 대분류(24개), 중분류(80개), 소분류(238개), 세분류(887개) 순으로 구성되어 있다(국가직무능력표준, www.ncs.go.kr).

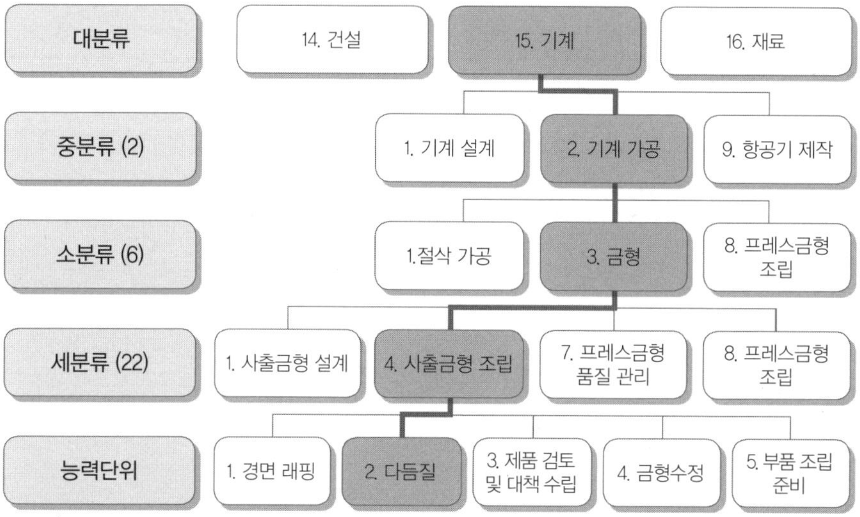

[그림 8-1] 기계 금형 분야(분류 예시)

출처: 국가직무능력표준(http://www.ncs.go.kr).

〈표 8-2〉 국가직무능력표준 분류

대분류	중분류	소분류	세분류
01. 사업 관리	1	2	5
02. 경영 · 회계 · 사무	4	11	27
03. 금융 · 보험	2	9	35
04. 교육 · 자연 · 사회과학	3	5	13
05. 법률 · 경찰 · 소방 · 교도 · 국방	2	4	15
06. 보건 · 의료	2	7	34
07. 사회복지 · 종교	3	6	16
08. 문화 · 예술 · 디자인 · 방송	3	9	63
09. 운전 · 운송	4	7	26
10. 영업 판매	3	7	17
11. 경비 · 청소	2	3	6
12. 이용 · 숙박 · 여행 · 오락 · 스포츠	4	12	42
13. 음식 서비스	1	3	9
14. 건설	8	26	109
15. 기계	10	29	115
16. 재료	2	7	34
17. 화학	4	11	32
18. 섬유 · 의복	2	7	34
19. 전기 · 전자	3	24	72
20. 정보 통신	3	11	58
21. 식품 가공	2	4	20
22. 인쇄 · 목재 · 가구 · 공예	2	4	23
23. 환경 · 에너지 · 안전	6	18	49
24. 농림어업	4	12	44
계	80	238	887

출처: 국가직무능력표준(http://www.ncs.go.kr).

Activity 8-1

Q. 자신이 관심을 가지고 있는 직업의 직무가 국가직무능력표준에 분류에 포함되어 있는지 해당 사이트(http://www.ncs.go.kr)를 방문하여 확인해 봅시다.

2. 역량에 대한 기본적 이해

1) 역량의 개념

직무를 수행함에 있는 필요한 능력을 역량이라고 표현한다. 사전적으로 역량은 어떤 일이나 역할을 수행할 때 나타나는 행동 특성으로서, 즉 그 사람의 능력과 자질 중에 관찰 가능하고 성과에 기여할 수 있는 지식, 스킬 태도 또는 행동을 의미한다.

한 개인이 직업을 선택하기 위해서는 직업에 포함된 직무의 유형과 거기에 필요한 역량을 알아보는 것이 무엇보다 중요하다. 그 이유는 최근 기업에서 해당 업무의 이해도와 직무 능력을 중요하게 평가하는 추세이고 입사 서류에서부터 직무 위주의 채용 시스템을 도입하고 있기 때문이다(권미경 외, 2016). 그러므로 자신이 선택한 직업에 자신에게 맞는 직무들이 있는지, 그리고 그러한 직무들은 자신의 역량과 자질에 부합하는지를 살펴보아야 한다. 또한 역량은 개발(trainable)이 가능하기 때문에 자신이 지원하는 지원 분야에 요구하는 역량을 잘 파악하여 개발하면 성공적으로 취업할 수 있다.

2) 역량의 종류

직무를 선택했으면 거기에 맞는 자신의 역량과 자질을 탐색하고 함양하여야 한다. 그래야만 자신이 원하는 직업을 적절하게 선택할 수 있다. 사람은 누구나 각자만의 역량을 가지고 있다. 하지만 일을 원활히 수행하는 데 있어 필요한 모든 역량을 다 갖추고 있지는 못하다. 그러므로 자신이 부족한 역량을 확인하고 이를 보완하기 위한 노력과 투자가 필요하다.

국가직무능력표준에서는 직업 능력을 어떤 일에 종사하든지 필요한 직업 기초 능력과 직무를 수행하는 데 필요한 직무 수행 능력으로 구분하고 있다. 직업 기초 능력은 직무를 성공적으로 수행하는 데 필요한 기본적인 지식이나 기술, 태도를 말하고, 직무 수행 능력은 해당 직무를 수행하는 데 필요한 능력을 말한다(황매향 외, 2016). 과거 피라미드의 직장 구조에서는 직급에 따라 차별화된 능력이 필요했지만, 현재의 변화하고 있는 다이아몬드 직장 구조에서는 다양한 직업 기초 능력이 요구된다. 참고적으로 국가직무능력표준에서는 10가지의 직업 기초 능력을 제시하고 있고 각 능력의 하위 능력을 세분화하고 있다.

〈표 8-3〉 NCS 직업 기초 능력

직무 역량	하위 능력	정의	세부 요소
1. 의사소통 능력	문서 이해 능력	업무를 수행함에 있어 다른 사람이 작성한 글을 읽고 그 내용을 이해하는 능력	• 문서 정보 확인 및 획득 • 문서 정보 이해 및 수집 • 문서 정보 평가
	문서 작성 능력	업무를 수행함에 있어 자기가 뜻한 바를 글로 나타내는 능력	• 작성 문서의 정보 확인 및 조직 • 목적과 상황에 맞는 문서 작성 • 작성한 문서 교정 및 평가
	경청 능력	업무를 수행함에 있어 다른 사람의 말을 듣고 그 내용을 이해하는 능력	• 음성 정보와 매체 정보 듣기 • 음성 정보와 매체 정보 내용 이해 • 음성 정보와 매체 정보에 대한 반응과 평가

	의사 표현 능력	업무를 수행함에 있어 자기가 뜻한 바를 말로 나타내는 능력	• 목적과 상황에 맞는 정보 조직 • 목적과 상황에 맞게 전달 • 대화에 대한 피드백과 평가
	기초 외국어 능력	업무를 수행함에 있어 외국어로 의사소통할 수 있는 능력	• 외국어 듣기 • 일상생활의 회화 활용
	갈등 관리 능력	업무를 수행함에 있어 관련된 사람들 사이에 갈등이 발생하였을 경우, 이를 원만히 조절하는 능력	• 타인의 생각 및 감정 이해 • 타인에 대한 배려 • 피드백 제공 및 받기
	협상 능력	업무를 수행함에 있어 다른 사람과 협상하는 능력	• 다양한 의견 수렴 • 협상 가능한 실질적 목표 구축 • 최선의 타협 방법 찾기
	고객 서비스 능력	고객의 요구를 만족시키는 자세로 업무를 수행하는 능력	• 고객의 불만 및 욕구 이해 • 매너 있고 신뢰감 있는 대화법 • 고객의 불만에 대한 해결책 제공
2. 정보 능력	컴퓨터 활용 능력	업무와 관련된 정보를 수집, 분석, 조직, 관리, 활용하는 데 있어 컴퓨터를 사용하는 능력	• 컴퓨터 이론 • 인터넷 사용 • 소프트웨어 사용
	정보 처리 능력	업무와 관련된 정보를 수집하고, 이를 분석하여 의미 있는 정보를 찾아내며, 의미 있는 정보를 업무 수행에 적절하도록 조직하고, 조직된 정보를 관리하며, 업무 수행에 이러한 정보를 활용하는 능력	• 정보 수집 • 정보 분석 • 정보 관리 • 정보 활용
3. 기술 능력	기술 이해 능력	업무 수행에 필요한 기술적 원리를 올바르게 이해하는 능력	• 기술의 원리와 절차 이해 • 기술 활용 결과 예측 • 활용 가능한 자원 및 여건 이해
	기술 선택 능력	도구, 장치를 포함하여 업무 수행에 필요한 기술을 선택하는 능력	• 기술 비교, 검토 • 최적의 기술 선택
	기술 적용 능력	업무 수행에 필요한 기술을 업무 수행에 실제로 적용하는 능력	• 기술의 효과적 활용 • 기술 적용 결과 평가 • 기술 유지와 조정

4. 조직 이해 능력	국제 감각	주어진 업무에 관한 국제적인 추세를 이해하는 능력	• 국제적인 동향 이해 • 국제적인 시각으로 업무 추진 • 국제적 상황 변화에 대처
	조직 체제 이해 능력	업무 수행과 관련하여 조직의 체제를 올바르게 이해하는 능력	• 조직의 구조 이해 • 조직의 규칙과 절차 파악 • 조직 간의 관계 이해
	경영 이해 능력	사업이나 조직의 경영에 대해 이해하는 능력	• 조직의 방향성 예측 • 경영 조정(조직의 방향성을 바로잡기에 필요한 행위하기) • 생산성 향상 방법
	업무 이해 능력	조직의 업무를 이해하는 능력	• 업무의 우선순위 파악 • 업무 활동 조직 및 계획 • 업무 수행의 결과 평가
5. 직업 윤리	근로 윤리	업무에 대한 존중을 바탕으로 근면하고 성실하고 정직하게 업무에 임하는 자세	• 근면성 • 정직성 • 성실성
	공동체 윤리	인간 존중을 바탕으로 봉사하며, 책임 있고, 규칙을 준수하며 예의 바른 태도로 업무에 임하는 자세	• 봉사 정신 • 책임 의식 • 준법성 • 직장 예절
6. 수리 능력	기초 연산 능력	업무를 수행함에 있어 기초적인 사칙연산과 계산을 하는 능력	• 과제 해결을 위한 연산 방법 선택 • 연산 방법에 따라 연산 수행 • 연산 결과와 방법에 대한 평가
	기초 통계 능력	업무를 수행함에 있어 필요한 기초 수준의 백분율, 평균, 확률과 같은 통계 능력	• 과제 해결을 위한 통계 기법 선택 • 통계 기법에 따라 연산 수행 • 통계 결과와 기법에 대한 평가
	도표 분석 능력	업무를 수행함에 있어 도표(그림, 표, 그래프 등)가 갖는 의미를 해석하는 능력	• 도표에서 제시된 정보 인식 • 정보의 적절한 해석 • 해석한 정보의 업무 적용
	도표 작성 능력	업무를 수행함에 있어 필요한 도표(그림, 표, 그래프 등)를 작성하는 능력	• 도표 제시 방법 선택 • 도표를 이용한 정보 제시 • 제시 결과 평가

7. 문제 해결 능력	사고력	업무와 관련된 문제를 인식하고 해결함에 있어 창조적, 논리적, 비판적으로 생각하는 능력	• 창의적 사고 • 논리적 사고 • 비판적 사고
	문제 처리 능력	업무와 관련된 문제의 특성을 파악하고, 대안을 제시, 적용하고 그 결과를 평가하여 피드백하는 능력	• 문제 인식 • 대안 선택 • 대안 적용 • 대안 평가
8. 자기 개발 능력	자아 인식 능력	자신의 흥미, 적성, 특성 등을 이해하고, 이를 바탕으로 자신에게 필요한 것을 이해하는 능력	• 자기이해 • 자신의 능력 표현 • 자신의 능력 발휘 방법 인식
	자기 관리 능력	업무에 필요한 자질을 지닐 수 있도록 스스로를 관리하는 능력	• 개인의 목표 정립(동기화) • 자기통제 • 자기관리 규칙의 주도적인 실천
	경력 개발 능력	끊임없는 자기개발을 위해서 동기를 갖고 학습하는 능력	• 삶과 직업 세계에 대한 이해 • 경력 개발 계획 수립 • 경력 전략의 개발 및 실행
9. 자원 관리 능력	시간 관리 능력	업무 수행에 필요한 시간 자원이 얼마나 필요한지를 확인하고, 이용 가능한 시간 자원을 최대한 수집하여 실제 업무에 어떻게 활용할 것인지를 계획하고 할당하는 능력	• 시간 자원 확인 • 시간 자원 확보 • 시간 자원 활용 계획 수립 • 시간 자원 할당
	예산 관리 능력	업무 수행에 필요한 자본 자원이 얼마나 필요한지를 확인하고, 이용 가능한 자본 자원을 최대한 수집하여 실제 업무에 어떻게 활용할 것인지를 계획하고 할당하는 능력	• 예산 확인 • 예산 할당
	물적 자원 관리 능력	업무 수행에 필요한 재료 및 시설 자원이 얼마나 필요한지를 확인하고, 이용 가능한 재료 및 시설 자원을 최대한 수집하여 실제 업무에 어떻게 활용할 것인지를 계획하고 할당하는 능력	• 물적 자원 확인 • 물적 자원 할당
	인적 자원 관리 능력	업무 수행에 필요한 인적 자원이 얼마나 필요한지를 확인하고, 이용 가능한 인적 자원을 최대한 수집하여 실제 업무에 어떻게 활용할 것인지를 계획하고, 할당하는 능력	• 인적 자원 확인 • 인적 자원 할당

10. 대인 관계 능력	팀워크 능력	다양한 배경을 가진 사람들과 함께 업무를 수행하는 능력	• 적극적 참여 • 업무 공유 • 팀 구성원으로서의 책임감
	리더십 능력	업무를 수행함에 있어 다른 사람을 이끄는 능력	• 동기화시키기 • 논리적인 의견 표현 • 신뢰감 구축

Activity 8-2

〈표 8-3〉의 직무 역량에 대한 정의를 토대로 직업 기초 역량에 대한 성취 수준을 체크해 보고 자신의 부족한 역량을 점검해 봅시다.

직무 역량	성취 수준	하위 능력	성취 수준
의사소통 능력	상□ 중□ 하□	문서 이해 능력	상□ 중□ 하□
		문서 작성 능력	상□ 중□ 하□
		경청 능력	상□ 중□ 하□
		의사 표현 능력	상□ 중□ 하□
		기초 외국어 능력	상□ 중□ 하□
수리 능력	상□ 중□ 하□	기초 연산 능력	상□ 중□ 하□
		기초 통계 능력	상□ 중□ 하□
		도표 분석 능력	상□ 중□ 하□
		도표 작성 능력	상□ 중□ 하□
문제 해결 능력	상□ 중□ 하□	사고력	상□ 중□ 하□
		문제 처리 능력	상□ 중□ 하□
자기개발 능력	상□ 중□ 하□	자아 인식 능력	상□ 중□ 하□
		자기관리 능력	상□ 중□ 하□
		경력 개발 능력	상□ 중□ 하□
자원 관리 능력	상□ 중□ 하□	시간 관리 능력	상□ 중□ 하□
		예산 관리 능력	상□ 중□ 하□
		물적 자원 관리 능력	상□ 중□ 하□
		인적 자원 관리 능력	상□ 중□ 하□
대인관계 능력	상□ 중□ 하□	팀워크 능력	상□ 중□ 하□
		리더십 능력	상□ 중□ 하□
		갈등 관리 능력	상□ 중□ 하□
		협상 능력	상□ 중□ 하□
		고객 서비스 능력	상□ 중□ 하□
정보 능력	상□ 중□ 하□	컴퓨터 활용 능력	상□ 중□ 하□
		정보 처리 능력	상□ 중□ 하□

기술 능력	상□ 중□ 하□	기술 이해 능력	상□ 중□ 하□
		기술 선택 능력	상□ 중□ 하□
		기술 적용 능력	상□ 중□ 하□
조직 이해 능력	상□ 중□ 하□	국제 감각	상□ 중□ 하□
		조직 체제 이해 능력	상□ 중□ 하□
		경영 이해 능력	상□ 중□ 하□
		업무 이해 능력	상□ 중□ 하□
직업윤리	상□ 중□ 하□	근로윤리	상□ 중□ 하□
		공동체윤리	상□ 중□ 하□

출처: 국가직무능력표준(http://www.ncs.go.kr).

다음 〈표 8-4〉에 제시된 역량들은 잡이룸에서 신규 입사자에게 꼭 필요한 역량들과 그 개념을 정리하여 제시한 것이다.

〈표 8-4〉 역량 요약표

역량군	역량명	역량 정의
1. 공통 기본 역량	회사 · 비즈니스 이해	회사와 업계의 특성, 성공 요소를 파악하고 자신의 역량과 연계하여 이해하는 능력
	가치관 · 직업관	개인의 가치 판단 기준이 올바르며, 직업 · 직장에 대한 관념이 올바르고 긍정적임
	조직 몰입 · 적응력	자신이 속한 조직 및 구성원들과 조기에 융화할 수 있는 능력과 조직에 공헌하려는 태도
	기본 자질 및 교양	직장인으로서 갖추어야 할 기본적인 자질 및 비즈니스 예절, 폭넓은 교양
	직무 지식 · 수용 능력	직무 지식, 경험/전공 지식을 바탕으로 조기에 업무를 수용하고 성과를 낼 수 있는 능력
2. 대인관계 역량	팀워크 지향	팀의 일원임을 인식하고 팀 목표 달성을 위해 동료들과 적극 협력하고 함께 일하려는 태도
	프레젠테이션 스킬	자신의 의견이나 제안을 효과적으로 발표하고 상대방의 동의와 행동을 이끌어 내는 능력
	리더십	공동의 목표 달성을 위해 구성원들을 동기부여시키고, 지도 · 지원하며 이끌어 가는 능력

	협상 · 설득력	상대방을 설득하여 원하는 결과를 얻어 내거나 상호 이익이 되는 합의를 이끌어 내는 능력
	의사소통력	상대방을 경청하여 정확히 이해하고 자신의 의사를 명확히 전달. 이해시키는 능력
	대인관계력	평소 원만한 인간관계를 형성 · 관리하고 필요시 상대방의 협조를 이끌어 내는 능력
3. 성과 관리 역량	목표 · 성취 지향	일의 성과 목표를 명확히 세우고, 정한 목표는 계속 관리하여 달성해 내는 능력/태도
	정보 수집 · 활용력	필요한 정보를 지속적으로 수집하고 가공 · 관리하여 업무에 활용할 수 있는 능력
	IT 활용 능력	컴퓨터, IT를 활용하여 일을 효율적으로 처리하는 능력
	문제 해결력	발생한(또는 예상되는)문제의 본질과 원인을 파악하고 이를 해결할 수 있는 능력
	의사 결정력	문제를 판단하고 쓸 수 있는 자원을 선택하여 올바른 결정을 적시에 내릴 수 있는 능력
	계획 · 조직화	일하기 전에 활동 계획을 세우고 필요한 인적 · 물적 자원을 조직화(구성)할 수 있는 능력
4. 사업 수행 역량	상황 대처력	돌발 상황이나 불확실한 환경에 당황하지 않고, 신속 · 적절하게 대처하는 능력
	국제 감각 · 어학 능력	글로벌 스탠다드에 맞추어 일할 수 있는 국제적 감각과 외국인과 의사소통하는 능력
	고객 지향	고객의 입장에서 생각하고, 고객니즈에 적절히 대응하고 고객을 만족시키는 능력
	전략적 사고	외부 동향과 내부의 특성을 파악하여 목표를 달성하기 위한 최적의 방안을 도출하는 능력
5. 자기 기반 역량	도전 정신	더 높은 성과 목표를 세워 열정적으로 추진하고, 실패를 학습의 기회로 삼는 태도
	유연 · 창의력	환경 변화에 유연하게 대처하고, 새로운 아이디어를 제시하여 성과에 기여하는 능력
	진취성	적극적 사고와 자신감으로 새로운 기회를 찾아내고 주도적으로 일을 추진하는 태도
	분석력	모호한 현상이나 문제에 대해 정보를 분석하고 논리적으로 추론하여 구체화하는 능력

	자기개발	스스로 꾸준히 학습하고 개발하여 보다 나은 성과와 발전을 이루려는 태도
	신의 · 성실성	모든 일에 성실 · 정직하여 남에게 신뢰감을 주고, 꼼꼼하며 정확하게 일을 수행하는 태도

출처: 잡이룸(http://www.joberum.com).

Activity 8-3

〈표 8-4〉의 역량별 개념을 토대로 공통 기본 역량 외에 자신에게 부족한 역량을 체크해 보고 필요한 역량을 키우는 데 도움이 될 만한 대안을 적어 봅시다.

역량군	역량명	대안
대인관계 역량	□ 팀워크 지향	
	□ 프레젠테이션 스킬	
	□ 리더십	
	□ 협상 · 설득력	
	□ 의사소통력	
	□ 대인관계력	
성과 관리 역량	□ 목표 · 성취 지향	
	□ 정보 수집 · 활용력	
	□ IT 활용 능력	
	□ 문제 해결력	
	□ 의사 결정력	
	□ 계획 · 조직화	
사업 수행 역량	□ 상황 대처력	
	□ 국제 감각 · 어학 능력	
	□ 고객 지향	
	□ 전략적 사고	
자기 기반 역량	□ 도전 정신	
	□ 유연 · 창의력	
	□ 진취성	
	□ 분석력	
	□ 자기개발	
	□ 신의 · 성실성	

출처: 잡이룸(www.joberum.com).

3. 직무와 필요 역량

직무를 수행함에 있어 필요한 역량들이 있는데 그러한 역량을 미리 잘 파악하여 준비한다면 성공적인 취업에 많은 도움이 될 수 있을 것이다. 다음의 〈표 8-5〉는 직무의 종류에 따라 요구되어지는 주요 필요 역량을 필요 순으로 제시한 것이다.

〈표 8-5〉 직무와 필요 역량

직무 분야	직무의 종류	주요 필요 역량
경영 · 지원직	기획 · 전략	분석력>전략적 사고>대인관계력>의사소통력>계획 · 조직화
	회계 · 경리	분석력>IT 활용 능력>의사소통력>문제 해결력
	자금 · 재무	분석력>대인관계력>의사소통력>전략적 사고>의사 결정력
	구매 · 자재	협상 · 설득력>대인관계력>국제 감각 · 어학 능력
	홍보 · 광고	대인관계력>유연 · 창의력>의사소통력>분석력>협상 · 설득력> 정보 수집 · 활용력
	인사	의사소통력>대인관계력>유연 · 창의력>분석력
	교육	의사소통력>분석력>대인관계력>IT 활용 능력>전략적 사고
	총무	고객 지향>의사소통력>대인관계력>상황 대처력>유연 · 창의력> 진취성
	법무	정보 수집 · 활용력>협상 · 설득력>프레젠테이션 스킬>전략적 사고>분석력
	비서	대인관계력>유연 · 창의력>의사소통력>계획 · 조직화
	사무보조	IT 활용 능력
영업 · 유통직	영업 · 영업관리	대인관계력>협상 · 설득력>의사소통력>도전 정신>고객 지향
	해외영업 · 무역	국제 감각 · 어학 능력>협상 · 설득력>도전 정신>대인관계력> 의사소통력>정보 수집 · 활용력
	마케팅 · 상품 개발	분석력>유연 · 창의력>전략적 사고>대인관계력
	물류 · 유통	고객 지향>대인관계력>전략적 사고
	판매 · 매장 관리	대인관계력>유연 · 창의력>고객 지향>협상 · 설득력>상황 대처력

	TM · 고객 지원	의사소통력>대인관계력
생산 · 연구직	생산 관리	대인관계력>리더십>분석력>목표 · 성취 지향>의사소통력
	생산 기술	분석력>유연 · 창의력>문제 해결력>국제 감각 · 어학 능력>진취성
	생산 · 기능직	유연 · 창의력>리더십>팀워크 지향
	연구 개발	분석력>유연 · 창의력>목표 · 성취 지향
	품질	정보 수집 · 활용력>분석력>의사소통력>대인관계력>리더십
	환경 · 안전	분석력>대인관계력>협상 · 설득력
IT · 전산직	웹기획 · 웹마스터	유연 · 창의력>목표 · 성취 지향>대인관계력>리더십>IT 활용 능력>정보 수집 · 활용력>분석력
	웹디자인	유연 · 창의력>목표 · 성취 지향>IT 활용 능력>분석력
	프로그래머	분석력>IT 활용 능력>유연 · 창의력
	시스템 분석 · 설계	분석력>IT 활용 능력>정보 수집 · 활용력
	시스템 · 네크워크 관리	분석력>IT 활용 능력>정보 수집 · 활용력>대인관계력
	통신 기술 · 모바일	분석력>IT 활용 능력>정보 수집 · 활용력>팀워크 지향
	일반 기업 IT직	IT 활용 능력>문제 해결력>정보 수집 · 활용력>리더십>분석력> 대인관계력>고객 지향
디자인직	그래픽디자인	유연 · 창의력>IT 활용 능력>분석력>정보 수집 · 활용력> 협상 · 설득력
	제품디자인	유연 · 창의력>대인관계력>분석력>진취성>도전 정신
	캐릭터디자인	목표 · 성취 지향>유연 · 창의력>의사소통력>협상 · 설득력
	패션디자인	목표 · 성취 지향>유연 · 창의력>고객 지향>의사 결정력>진취성> 도전 정신
	편집디자인	유연 · 창의력>목표 · 성취 지향>IT 활용 능력>프레젠테이션 스킬
서비스직	승무원 · 관광	대인관계력>국제 감각 · 어학 능력>고객 지향>상황 대처력> 의사소통력>유연 · 창의력
	호텔리어	국제 감각 · 어학 능력>대인관계력>고객 지향
	인포메이션 · 안내	고객 지향>대인관계력>프레젠테이션 스킬>상황 대처력
	텔러 · 금융창구	고객지향>상황대처력>의사소통력>목표 · 성취 지향
	외식서비스	대인관계력>고객 지향>상황 대처력>팀워크 지향>프레젠테이션 스킬
전문 · 기타직	건축 · 토목직	분석력>리더십>대인관계력>목표 · 성취 지향
	인테리어	유연 · 창의력>계획 · 조직화>진취성>대인관계력>협상 · 설득력

	금융 · 대출 · 보상	대인관계력>분석력>신의 · 성실성>목표 · 성취 지향
	자산 운용 · 증권	상황 대처력>의사 결정력>계획 · 조직화>정보 수집 · 활용력>목표 · 성취 지향
	광고 기획	대인관계력>목표 · 성취 지향>분석력>유연 · 창의력>정보 수집 · 활용력
	출판 기획	목표 · 성취 지향>분석력>유연 · 창의력>대인관계력>정보 수집 · 활용력
	기자 · 아나운서	유연 · 창의력>분석력>대인관계력
	PD	리더십>목표 · 성취 지향>유연 · 창의력>분석력
	강사 · 학습지	의사소통력>팀워크 지향>IT 활용 능력>전략적 사고>계획 · 조직화>고객 지향>의사 결정력
	간호사 · 의사	대인관계력>고객 지향>의사소통력>신의 · 성실성>팀워크 지향
	조리 · 영양사	신의 · 성실성>리더십>분석력>의사 결정력>계획 · 조직화

출처: 잡이룸(www.joberum.com).

Activity 8-4

Q1. 여러분이 되고 싶어 하는 직업을 얻기 위해서는 고숙련 기능을 강화하고 직무 역량을 높일 필요가 있습니다. 이를 위해 대학 생활 동안 여러분이 준비해야 할 것은 무엇이라고 생각합니까?

Q2. 자신이 얻기 원하는 직업에서 요구하는 직무와 필요 역량에 대해 조사해 봅시다.

제9장

직업과 직무의 탐색

급변하는 직업 세계에서 직업과 직무에 대해 잘 이해하고 정확한 직업과 직무 정보를 탐색하는 방법을 아는 것은 성공적인 취업에 있어 매우 중요하다. 그 이유는 이러한 활동이 이력서, 자기소개서 작성 및 면접 등을 준비하는 데 기본적으로 필요한 일이기 때문이다. 또한 일자리 창출에 한계가 있는 지금의 고용 현실에서 기존에 직업과 직무 정보를 탐색하는 것에서 머무르지 않고 미래에 유망하는 직업과 자신의 소질을 고려하여 창직과 창업에 알아보는 것은 새로운 대안으로서의 직업 선정 및 직업 발굴의 의미를 지닌다 하겠다.

1. 직업과 직무 정보 수집 방법

직업과 직무 및 해당 직무에 필요한 역량에 대한 정보를 수집하는 방법은 다양하다. 첫 번째는 현장에 종사하는 지인이나 선후배를 통해 정보를 수집하는 방법이 있는데, 가장 편하고 구체적인 정보를 얻을 수 있다는 장점이 있으나 정보에 대한 개인적 인식 차이가 있을 수 있기 때문에 좀 더 객관적으로 정보를 받아들일 필요가 있다. 두 번째 방법은 교내 학생상담센터, 진로취업지원센터, 창업교육센터를 활용하는 것이다. 이 방법은 단기간의 목적을 이루고자 할 때 유용하다. 세 번째 방법은 기업 설명회나 리쿠르팅에 참석해 보는 것인데, 현재 종사하고 있는 직원이나 인사 담당자들로부터 자세한 정보 수집이 가능하고 필요한 조언을 구할 수 있다는 점과 후속적인 메일이나 전화를 통해 추가적인 정보를 수집할 수 있다는 장점이 있으나 준비 부족으로 직업 인사 담당자에게 묻는 것에 대한 부담을 느낄 수 있다. 네 번째 방법은 기업 홈페이지나 관련된 정보를 주는 사이트를 활용하는 방법인데, 손쉽게 정보를 수집할 수 있다는 장점은 있으나 정보가 제한적이고 구체적인 정보를 수집할 수 없다는 제한점이 있다. 하지만 사전 검색을 통해 지원하는 기업(기관)의 정보를 잘 수집해 두면 차후 입사 지원 시 많은 도움을 받을 수 있다. 다섯 번째 방법은 다양한 매체를 활용하는 방법인데, 취업 게시판이나 관련 동영상, 비디오, 영화, 도서 등을 활용하는 것이다.

2. 직업 및 직무 정보 찾기

1) 워크넷(한국고용정보원)

직업을 선택할 때는 하는 일, 교육/자격/훈련, 임금/직업 만족도/전망, 능력/지식/환경, 성격/흥미/가치관 같은 정보를 가지고 자신의 적성과 흥미 및 역량과 어느 정도 일치하는지를 살펴보는 것이 필요하다. 이에 먼저 고용노동부에서 운영하고 있는 워크넷을 활용한 직업과 직무 정보 탐색 방법에 대해 살펴보기로 하자. 워크넷에서는 구인 · 구직 정보, 가족 직업 정보서, 심리검사 등을 제공하고 있어 자신의 특성에 대한 직업 탐색과 전공별 어떤 직업

워크넷 사이트(www.work.or.kr)를 접속한다.

직업 · 진로 메뉴를 클릭한다.

한국직업정보 시스템에 원하는 직종명을 키워드 칸에 적고 검색한다.

검색된 정보 중에서 원하는 내용을 클릭한다.

원하는 정보를 확인한다.

이 밖에 분류별로 찾기, 지식으로 찾기, 업무 수행 능력 찾기, 통합 찾기의 방법을 활용하여 검색할 수도 있다.

이 있는지 탐색할 수 있다. 또한 한국직업전망과 한국직업사전에서도 찾고자 하는 직업명을 입력하여 원하는 직업과 직무 정보를 검색할 수 있다.

2) 커리어넷(한국직업능력개발원)

다음으로, 교육부 산하 한국직업능력개발원에서 운영하는 커리어넷을 활용한 직업과 직무 정보 탐색 방법에 대해 살펴보기로 하자. 커리어넷에서는 진로 심리 검사, 진로 상담, 직업·학과 정보, 진로 교육 자료 등을 제공하고 있어 진로 선택에 도움이 된다.

커리어넷 사이트(www.career.go.kr)에 접속한다.

직업 · 학과 메뉴로 들어가 직업 정보를 클릭한다.

검색 메뉴에 원하는 자신의 관심 직업명을 키워드란에 적고 검색한다.

검색된 정보 중에서 원하는 내용을 클릭한다.

원하는 정보를 확인한다.

이 밖에도 직업 분류, 조건 검색, 적성 유형별 탐색 방법을 활용하여 검색할 수도 있다.

Activity 9-1

Q. 자신이 관심을 두고 있는 직업에 관한 정보를 앞의 사이트에 방문하여 조사해 봅시다.

3) 국가직무능력표준(한국산업인력공단)

국가직무능력표준 사이트에서는 다양한 직업훈련 정보, 국가공인 자격증 취득 관련 정보, 직무 수행 능력에 관한 상세한 정보를 얻을 수 있는데, 이 가운데 직무 수행 능력에 대한 구체적인 정보를 검색하는 방법은 다음과 같다.

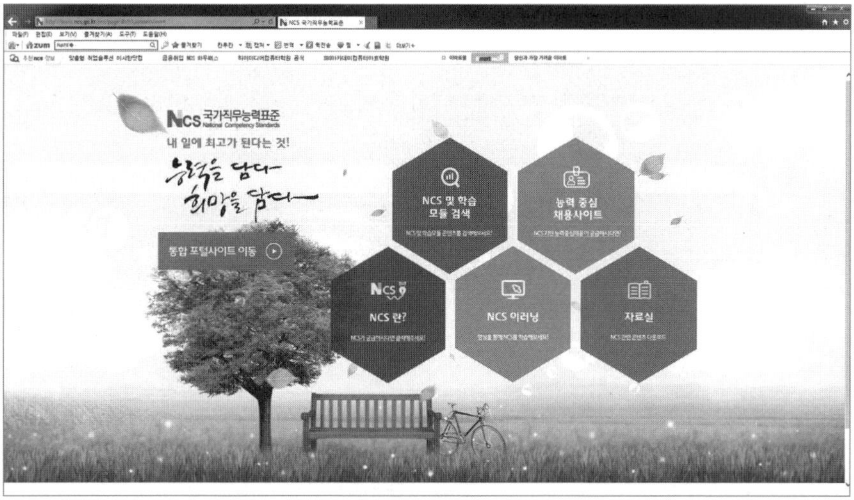

국가직무능력표준 사이트(www.ncs.go.kr)에 접속한다.

상단 메뉴 바에서 NCS 및 학습 모듈 검색을 클릭한다.

분야별 검색에서 자신이 원하는 산업 분야를 검색한다.

중분류 → 소분류 → 세분류 → 능력단위 순으로 검색한다.

예를 들어, 분야별 검색에서 사회복지·종교를 선택하면 중분류에 01.사회복지, 02.상담, 03. 보육의 직군이 생성되며, 이 중에서 01.사회복지를 선택하면 소분류에 01.사회복지정책, 02.사회복지서비스가 생성되고, 다시 02.사회복지서비스를 선택하면 세분류에 01.사회복지프로그램 운영, 02.일상생활 기능 지원, 03.사회복지면담, 04.사회복지사례관리가 생성된다. 마지막으로, 03.사회복지면담을 선택하면 능력단위로서 자신이 선택한 직무에서 필요로 하는 능력이 나타난다.

분아별 검색

사회복지 · 종교 선택

중분류에서 01.사회복지 선택

소분류에서 02.사회복지서비스 선택

세분류에서 03.사회복지면담 선택

능력단위에 직무에서 필요로 하는 능력이 나타남

좀 더 구체적으로 능력단위의 내용을 살펴보면, 능력단위는 해당 분야의 목표 달성을 위해 반드시 수행해야 하는 일로서 앞서 검색한 능력단위에서는 01.사회복지면담 초기면접을 클릭하면 다음의 [그림 9-1]과 같은 화면이 나타나는데 능력단위명, 능력단위 정의, 환경 분석, NCS 학습 모듈, 활용 패키지가 나타난다. 그리고 활용 패키지는 다시 '1. 평생경력 개발경로(경력 개발경로모형, 직무 기술서, 자가진단도구, 체크 리스트)', '2. 훈련 기준(시안)', '3.출제기준(시안)'이 나타난다. 직무 기술서에는 직무 기본 정보, 직무 책임 및 역할, 직무 수행 요건으로 구성되어 있는데 직무 수행 요건에는 필요한 자격증, 지식 및 기술, 숙련 기간이 상세하게 기록되어 있다. 또한 자가진단도구에는 직무와 관련하여 지원자의 직무 능력을 자가진단하는 설문 문항이 있어 간단하게 자기 상태를 점검해 볼 수 있다. 마지막으로 체크 리스트에서는 직업 기초 능력과 직무 수행 능력에 대한 설문 문항이 있어 자신의 역량 수준을 체크해 볼 수 있다(〈부록3〉 참조).

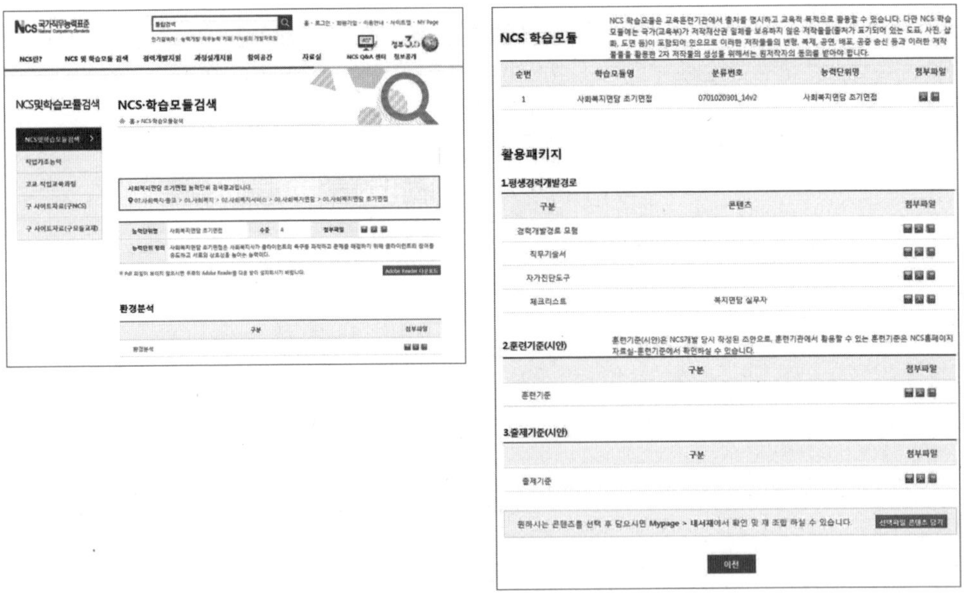

[그림 9-1] NCS 능력단위 검색 결과

4) 잡이룸(취업 컨설팅 · 콘텐츠 제공 회사)

취업 컨설팅 · 콘텐츠 제공 회사인 잡이룸에서도 직무 역량에 대한 정보를 제공해 주고 있는데 구체적인 검색 방법은 다음과 같다.

잡이룸 사이트(www.joberum.com)에 접속한다.

취업 전략–잡이룸 직무 사전 메뉴를 클릭한다.

관심 있는 직종명을 키워드란에 적거나 직접 클릭하여 검색한다.

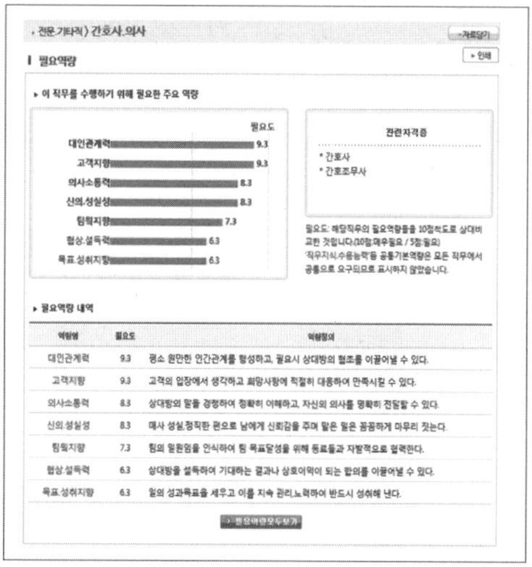

검색된 직무를 클릭하여 필요한 역량을 확인한다.

Activity 9-2

〈예시〉

희망 직업명	두산그룹(마케팅)	
주요 직무 내용	소비자의 다양한 트렌드 파악 제품 개발 광고와 홍보 활동 브랜드 매출과 손익 분석	
자격 조건	학력 수준	대졸
	자격증	사회조사분석사 2급
	기타	외국어 능력(TOEIC) 컴퓨터활용능력 2급
필요 역량	리더십, 의사소통 능력 데이터 분석 능력, 마케팅 전략 수립 전문적인 마케팅 지식	

Q. 자신의 전공에 관한 희망 직업을 선정하고 그 직업의 주요 직무와 자격 조건, 요구되는 역량을 적어 봅시다.

희망 직업명		
주요 직무 내용		
자격 조건	학력 수준	
	자격증	
	기타	
필요 역량		
직무 적합성	*자신이 희망하는 직업(직무)에 적합하다고 생각하는 이유	

3. 채용 정보 찾기

1) 워크넷

고용노동부에서 운영하는 워크넷에서는 직업과 직무 정보 외에도 채용 정보를 제공해 주고 있다. 상단의 채용 정보를 클릭하면 구체적으로 채용 정보를 검색할 수 있다.

워크넷 사이트(www.work.go.kr)에 접속한다.

채용 정보–채용 정보 상세 검색을 클릭한다.

일자리 키워드, 근무 지역, 희망 직종 등 여러 조건을 체크하고 검색한다.

검색된 채용 정보를 확인한다.

2) 인크루트

민간 고용 정보 사이트에 접속하면 채용 정보를 포함하여 많은 취업 정보를 얻을 수 있다. 여기에서는 그중 인크루트라는 고용 정보 사이트를 활용하여 채용 정보를 검색하는 방법을 살펴보도록 한다.

인크루트 사이트(www.incruit.com)에 접속한다.

채용 정보를 클릭한다.

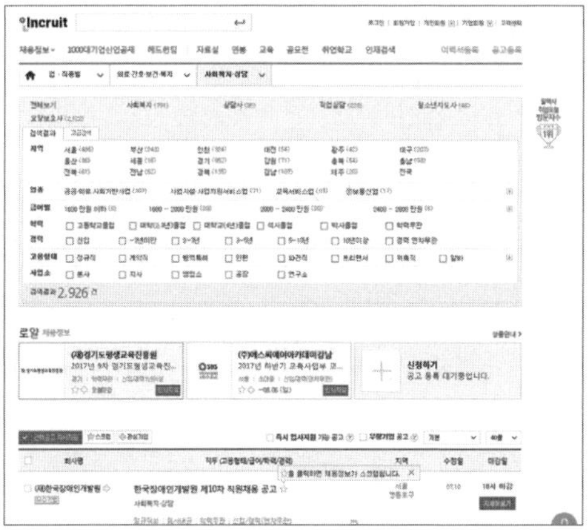

원하는 직종을 정하고 지역, 업종, 급여 등 여러 조건을 체크하고 검색한다.

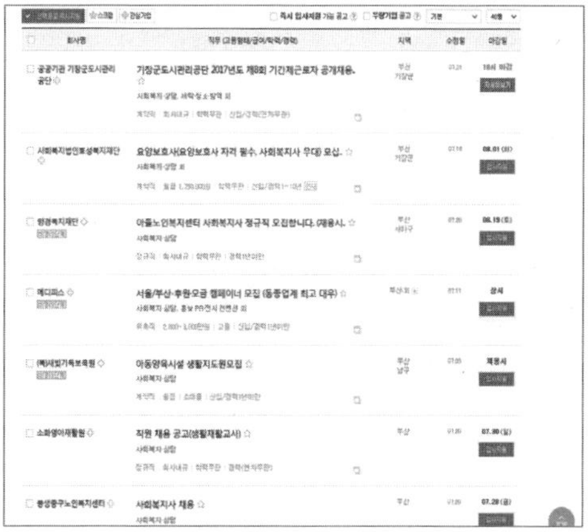

검색된 채용 정보를 확인한다.

[읽기 자료 9-1] 고용 정보 사이트

1. 워크넷(http://www.work.or.kr)
2. 인크루트(http://www.incruit.com)
3. 리크루트(http://www.recruit.co.kr)
4. 스카우트(https://www.scout.co.kr)
5. 잡서치(https://www.job.co.kr)
6. 잡코리아(http://www.jobkorea.co.kr)
7. 잡플래닛(https://www.jobplanet.co.kr)
8. 사람인(http://www.saramin.co.kr)
9. 커리어(http://www.career.co.kr)
10. 파인드잡(http://www.findjob.co.kr)

• **전문 분야 고용 정보 사이트**

1. 하이브레인넷(http://www.hibrain.net: 대학교수, 연구직 공무원 채용 정보)
2. 광고정보센터(http://www.adic.or.kr: 광고 분야 채용 정보)
3. 복지사잡(http://www.bokjisajob.com: 사회복지 분야 채용 정보)
4. 복지잡(http://사회복지사.채용.biz: 사회복지사 채용 정보)
5. 유아교육 구인구직(http://job.kidkids.net: 유아교육 분야 채용 정보)
6. 키즈맘(http://www.kizmam.co.kr: 보육교사, 유치원교사, 유아교사 채용 정보)
7. 병원잡(http://www.byeongwonjob.com: 간호사, 병원코디네이터, 원무행정 채용 정보)
8. 메디잡(http://www.medijob.cc: 간호직, 보건 관련직, 의사직, 행정직 채용 정보)
9. 널스잡(http://www.nursejob.co.kr: 간호사 채용 정보)
10. 간호잡(http://www.ganhojob.com: 의료 취업 정보)
11. 메드닥터(http://www.meddoctor.co.kr: 의사 채용 정보)
12. 미디어잡(http://www.mediajob.co.kr: 매스컴 관련 취업 정보)
13. 피플앤잡(http://www.peoplenjob.com: 외국기업 취업 정보)
14. 게임잡(http://www.gamejob.co.kr: 게임 분야 취업 정보)
15. 데즈잡(http://djob.jobkorea.co.kr: 개발자 채용 정보)
16. 디자인잡(http://designjob.co.kr: 디자인 분야 취업 정보)
17. 음악강사잡(http://musicjob.co.kr: 음악강사 취업 정보)
18. 벨라샵(http://www.bellashop.co.kr: 미용인 취업 정보)
19. 푸드앤잡(http://www.foodnjob.com: 영양사 취업 정보)
20. 태권도잡(http://www.태권도잡.com: 태권도사범 취업 정보)
21. 태권도닷컴(http://taekwondodot.com: 태권도사범 취업 정보)

Activity 9-3

Q. 자신이 희망하는 직업의 채용 정보를 고용 정보 사이트를 활용하여 검색하여 봅시다.

항목	1순위	2순위	3순위
회사명			
주요 사업			
직무 내용			
모집 분야			
자격 조건			
급여 조건			
근무 형태			
제출 서류/준비물			
채용 담당자 연락처			

4. 기업 분석

자신이 원하는 채용 정보를 통해 마음에 되는 취업지를 선택하였다면 다음으로는 취업지로 선택한 기업이 구체적으로 자신의 상황과 잘 맞는 곳인지를 확인해 볼 필요가 있다. 이는 입사 서류 작성과 채용 면접 준비와도 밀접한 관련이 있기 때문이다. 기업 분석을 하는 데 있어 파악해야 할 내용으로는 우선 기업의 기본 정보(대표, 설립일, 홈페이지 주소 등)와 기업의 개요(연혁, 매출 정보, 직원 현황, 조직도, 네트워크 등), 기업의 경영(운영) 철학, 이념 분석(회사 윤리 강령, 인재상, 핵심 가치, 미션, 비전 등), 사업 영역 분석(시장 점유율, 주요 제품(서비스), 사업 전략, SWOT 분석 등), 인사 제도 분석(직원 복지, 인사 제도, 경력 개발 제도, 채용 절차 및 분야 등) 등이 있다. 일반적으로 기업 분석을 하는 방법으로 금융감독원 전자공시 시스템, 한국기업평가, 중소기업현황 정보 시스템, 한국신용평가 등에서 기업을 검색하면 유용한 정보를 얻을 수 있다. 하지만 일반 기업 외에 비영리 기관이나 단체를 취업지로 선택한 경우에는 직접 해당 사이트를 방문하여 필요한 정보를 확인할 수 있다.

〈표 9-1〉 기업(기관, 단체) 분석 검색 사이트

구분	사이트 주소
금융감독원 전자공시	http://dart.fss.or.kr/
한국기업평가	http://www.korearatings.com/
중소기업현황 정보 시스템	http://sminfo.mss.go.kr/
한국신용평가	http://www.kisrating.com/

출처: 김인기, 이향정(2017). 일부 수정.

제 4 부

실전 취업 전략

제4부는 취업을 준비하는 지원자들이 실제로 활용할 수 있는 구체적인 취업 전략들을 소개한다. 먼저 제10장 '취업 인맥 구축과 기업 분석'에서는 자신의 지원 분야를 중심으로 취업 인맥을 구축하고 관리하는 전략 및 희망 기업에 대한 분석 전략을 다룬다. 제11장 '취업 성공을 위한 이력서와 자기소개서'에서는 자신의 특장점을 가장 잘 부각할 수 있는 경쟁력 있는 이력서와 임팩트 있는 자기소개서 작성을 위한 다양한 전략을 다룬다. 제12장 '호감을 주는 취업 면접과 이미지메이킹'에서는 실제로 면접에 임할 때 사용 가능한 철저한 실전 준비 전략들을 포함하며, 면접관의 호감을 살 수 있는 다양한 이미지메이킹 전략을 상세히 다룬다. 또한 각 장은 실전 취업 전략을 자신에게 적용하여 연습해 볼 수 있는 다양하고 실제적인 활동들을 소개하고 있다.

제**10**장

취업 인맥 구축과 기업 분석

1. 취업 인맥 구축하기: 직업인 인터뷰

1) 직업인 인터뷰

어떤 기업에 대해 가장 유용하고 정확한 정보를 얻기 위해서는 실제 그 기업에 몸담고 있는 직업인을 직접 만나서 이야기를 나누어 보는 것이 도움이 될 것이다. 즉, 기업과 관련된 실제 직업인과의 인터뷰를 통해 그 기업이 요구하는 역량, 자격 요건, 그 분야의 전망 또는 힘든 부분에 이르기까지 다양하고 유용한 정보를 얻을 가능성이 크다.

또한 해당 직종에 종사하는 직업인을 만나 직접 대화를 나눔으로써 그 직종과 관련된 기본 정보뿐만 아니라 태도나 자세와 같은 부분까지 준비하는 기회가 될 수 있다(강규형, 2013). 직업인 인터뷰를 통해 앞서 인생을 살고 이미 그 직업을 경험한 사람들의 소중한 땀과 노하우가 담겨 있는 조언을 들을 수 있을 것이다.

2) 직업인 인터뷰를 위한 단계적 준비

먼저, 준비 단계에서는 직업인 인터뷰의 대상을 선정하고 자기소개를 준비하며 질문 목록을 구성한다. 특히 대상자 선정에서는 해당 분야의 지식과 인적 네트워크가 풍부하며 주위의 다른 사람을 추천해 줄 수 있거나 실제로 채용 권한을 가진 사람 중에서 선정하는 것이 도움이 된다(김인기, 이향정, 2016).

첫째, 직업인 인터뷰를 위한 대상을 구할 때는 먼저 모둠을 구성하고 그 안에서 서로 연결해서 지인을 찾아 주는 것이 도움이 된다. 또한 관련된 분야의 행사나 모임, 세미나 등에 참석하여 직접 요청하는 것도 한 방법이다. 블로그나 홈페이지, SNS 등을 통해 대상에게 인터뷰를 요청하는 것도 가능한 방법 중 하나이다(강규형, 2013). 이때 선정된 대상에게 자신을 어떻게 알릴 것인지에 대해 미리 준비해야 하는데, 관심 취업 분야, 희망 직업, 취업 준비 사항, 취업과 관련된 경력, 강점, 특기 사항 등을 포함해 자기소개를 준비하는 것이 필요하다.

다음으로는 인터뷰 대상을 만나 어떤 내용을 질문하고 확인할 것인지에 대해 미리 준비하는 것이 좋은데, 알고 싶은 내용이 빠지지 않도록 꼼꼼하게 질문 목록을 작성하도록 한다. 인터뷰 중 즉흥적으로 질문을 하기보다는 궁금하거나 꼭 필요한 정보들을 미리 생각해 보고 목록을 준비하여 인터뷰를 진행하는 것이 바람직하다.

둘째, 성사 단계에서는 이메일을 작성하거나 SNS 또는 전화 등으로 인터뷰 대상에게 실제 연락을 취하는 행동이 요구된다. 만약 전화로 연락을 취한다면 사전에 이메일을 보내어 미리 자신에 대해 알리는 것이 좋으며 이력서를 첨부하거나 간략한 자기소개서를 보내어 미리 읽어 보도록 유도하는 것이 효과적일 수 있다(김인기, 이향정, 2016).

셋째, 실행 단계에서는 직접 직업인 인터뷰 대상자를 방문하여 궁금한 것을 질문하며 필요한 정보를 수집한다. 사전에 인터뷰 승낙을 받았을지라도 당일 미리 연락을 취하여 시간 약속을 확인하는 것이 좋다. 질문 목록과 필기 도구를 준비하고 약속 시각은 반드시 지켜야 하며 단정한 옷차림을 하여 첫 만남에서 좋은 인상을 남길 수 있도록 한다.

인터뷰를 시작하면서 자신에 대한 소개와 인터뷰의 목적을 설명한다. 인터뷰를 진행할 때 최대한 겸손하고 예의 바른 태도를 유지하며 인터뷰 내용 중 필요한 부분은 기록하면서 진행한다. 또한 인터뷰는 정해진 시간 내에 종료할 수 있도록 하며 시간이 더 필요할 경우 반드시 상대방에게 먼저 양해를 구한다.

넷째, 마무리 단계에서는 직업인 인터뷰를 마치면서 "혹시 이 분야에서 저에게 추천해 주시고 싶은 분이나 인터뷰에 응해 주실 수 있는 분이 있을까요?"라고 물어보아 다음 직업인 인터뷰의 기회를 얻는 것도 좋은 방법이다. 또한 만남 후에 될 수 있으면 하루가 지나기 전에 감사의 문자나 연락을 드려 상대방에게 시간을 내어 주신 것에 대해 감사의 표현을 하는 것이 중요하다. 그리고 수집된 정보를 다시 한번 살펴보고 정리하는 시간을 가지는 것이 필요하다.

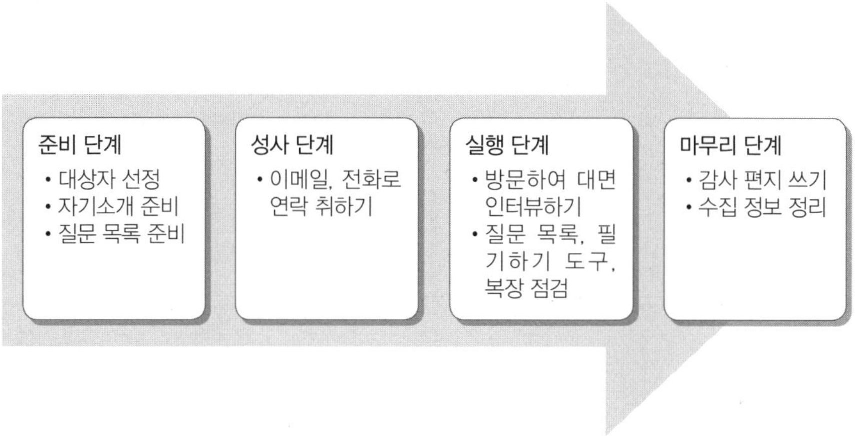

[그림 10-1] 직업인 인터뷰 실행 과정

출처: 김인기, 이향정(2016), p. 156. 재구성.

3) 직업인 인터뷰 실전에 도전하기

앞서 우리는 직업인 인터뷰가 무엇이며 어떤 과정을 거쳐 이루어지는지에 대해 살펴보았다. 인생에서 무언가를 시작할 때 어디서부터 어떻게 해야 할지를 잘 모른다면, 이때 가장 좋은 방법은 이미 같은 것을 경험한 사람들의 지혜를 빌리는 것이다. 동종 업계에 종사하고 있는 직업인들과의 만남을 통해 그 직업에 대한 시작과 과정, 또는 어려움을 극복하는 방법 등에 대해 조언을 얻을 수 있을 것이다. 직업인 인터뷰를 위한 실전에 도전해 보자.

Activity 10-1

■ 내가 희망하는 직업과 관련된 사람들을 적어 보기

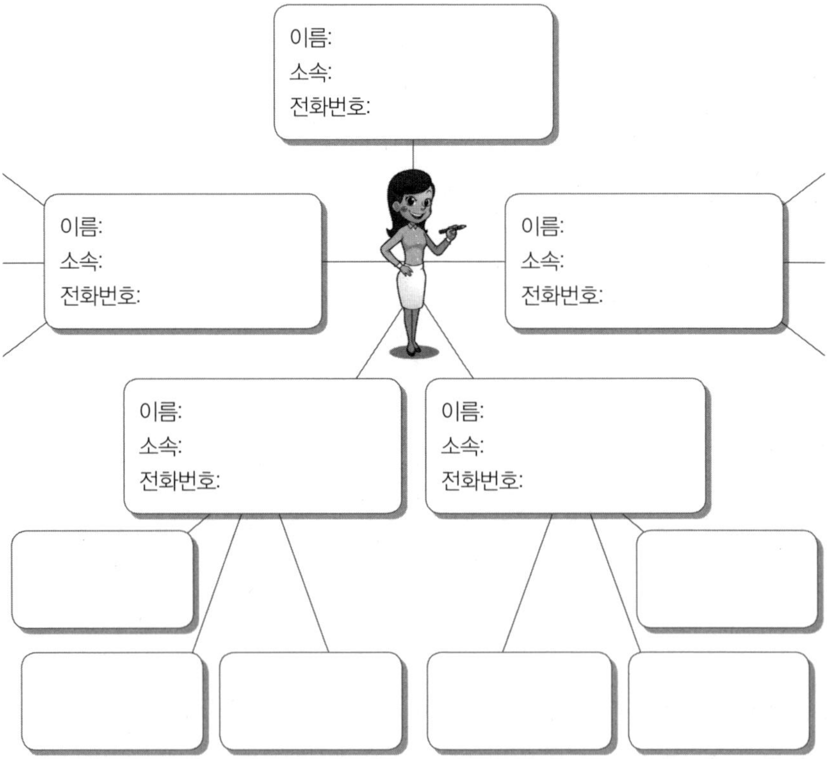

Activity 10-2

■ 직업인 인터뷰 대비 자기소개 내용 작성하기

구분	내용
내가 희망하는 분야 또는 직무	
직무 수행을 위한 나의 역량 (경력, 자격증 등)	
직무 수행을 위한 나의 차별화된 강점	
나의 전망과 포부	

출처: 김인기, 이향정(2016), p. 158. 재구성.

Activity 10-3

■ 직업인 인터뷰 질문 목록 작성하기

직업인 인터뷰 질문 목록

대상자명		회사명	
근무 분야		일시	

직업인 인터뷰 질문 목록	메모

*질문 예시:

– 어떻게 이 직업을 가지게 되셨어요?

– 지금 하시는 일에 대해 간단히 소개해 주시겠어요?

– 이 일을 하시는 데 요구되는 역량이나 노하우는 어떤 것이 있습니까?

– 만약 제가 이 직업을 선택하고자 할 때 해 주시고 싶은 조언이 있으십니까?

– 이 분야와 관련하여 저에게 소개해 주시고 싶은 분이 있으십니까?

Activity 10-4

■ 직업인 인터뷰 접촉 대본 작성하기

접촉 대상자를 염두에 두고 인터뷰 약속을 잡는 상황을 상상하면서 전화 또는 이메일(SNS 포함) 접촉 대본을 작성해 봅시다.

구분	내용
첫 인사말	
인터뷰의 목적	
인터뷰에 대한 요청	
인터뷰 승낙 확인과 감사	

Activity 10-5

■ 직업인 인터뷰 수행하기

직업인 인터뷰

• 인터뷰 사전 정보:
• 일시:
• 인터뷰 대상자명:
• 소속:
• 직무/분야:
• 인터뷰 진행자:
• 인터뷰 내용:
• 적용점:

※ 이 표는 직업인 인터뷰 수행에 도움을 주기 위한 가이드라인으로, 표 안의 항목을 활용하여 자유롭게 직업인 인터뷰를 수행해 보자.

[직업인 인터뷰 수행 예시]

'부산 영화의 전당'

고신대 광고홍보학과 ○○○

1) 인터뷰 계획 수립 진행표

10월 2일 화요일	10월 5일 금요일	10월 8일 월요일	10월 10일 수요일
1차	2차	3차	4차
영화의 전당 언론 홍보 담당 ○○○ 씨에게 인터뷰 요청	언론 홍보 담당자 추천으로 홍보 담당 팀장님과 연락	언론 홍보 담당 팀장님과 연락하여 인터뷰 요청 및 수락	언론 홍보 담당 팀장님과 안내실에서 인터뷰 진행

2) 사전 조사

부산 '영화의 전당'은…

- 내부 조직이 뚜렷
- 조직이 가지는 막강한 영향력
- 각종 온, 오프라인 홍보

3) 인터뷰 Q&A

01. 자기소개를 해 주신다면?

영화의전당
홍보지원팀
팀장 ○○○
주소 ○○○-○○○ ○○○○○○○○○○
전화번호 ○○○-○○○-○○○○
이메일 ○○○○@○○○○○.com

홍보 관련 모든 업무를 총괄
(온라인 홍보, 오프라인 홍보)

02. 영화의 전당 홍보팀장님의 하루 일과는?

1. 〈영화의 전당〉 관련 소식 확인
2. 영화와 문화 소식에 관한 신문, 방송 모니터링
3. 언론이 요청하는 자료 제공

03. 영화의 전당에 관한 홍보는 주로 어떤 방법으로 하고 계신가요?

⋯› 홈페이지, 페이스북, 트위터, 언론 홍보, 뉴스레터 발송, SNS 뉴스 발송, E-BOOK 제작, 보도자료 배포, 유튜브 홍보 동영상 제작 현장 취재 인터뷰, 인쇄물을 통한 홍보, 월간 소식지 발간, 팸플릿 제작, 인쇄물 홍보, 프로젝션 맵핑, 옥외광고, 홍보 이벤트 진행, 대학생 서포터즈

04. 개관 1년, 많은 시민들에게 알려진 데에는 홍보팀의 역할이 크다고 생각되는데 어떻게 생각하시나요?

⋯› 영화의 전당 홍보팀이 가장 '큰' 역할
⋯› 영화의 전당의 다양한 홍보 방법

05. 인터뷰도 많이 하신다고 하셨는데요. 그렇다면 그런 것들을 대비하셔서 영화의 전당에서도 미디어 트레이닝을 하시나요?

필요성을 인식
↓
예산 부족

⋯› 느낀 점

- 새로운 관계 형성
- 새로움
- 과제
- 관계 유지

06. 그렇다면 영화의 전당의 홍보인으로서 '필살기'가 있다면 말씀부탁드립니다!

1. 세계적인 건축물(해체주의 건축물, 기네스북 등재)
2. 하드웨어(영화의 전당 자체)의 우수성
3. 영화의 전당만의 영화를 제작(영화 주제를 기획해서 필름을 들고 옴)

07. 홍보팀으로서 갖춰야 할 덕목이 있다면 말씀 부탁드립니다!

- 홍보를 담당하는 사람은 글을 잘 써야 함.
- 영화와 공연 전시 문화에 대한 이해 소양을 쌓아야 함.
- 어떤 흐름이 있는지 알고 있어야 함.

부산상공회의소

홍보팀 ○○○ 님 인터뷰
고신대 광고홍보학과 ○○○

1) 부산상공회의소란?

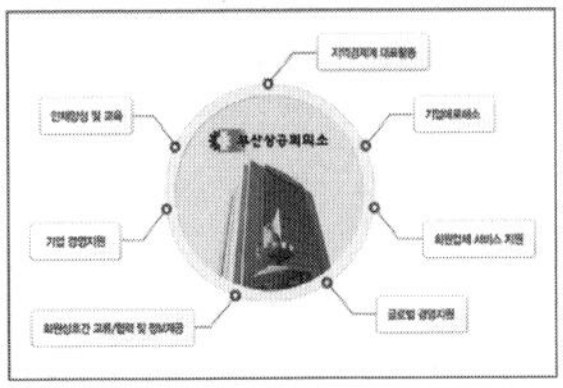

상공업계를 대표하여 그 권익을 대변하고 회원에게 기술 및 정보 등을 제공하여 회원의 경제적/사회적 지위를 높이고 상공업의 경쟁력을 강화함으로써 국민경제의 발전에 이바지하는 부산상공회의소.

2) 홍보팀에서 하는 일

홍보팀에서는 언론홍보를 목적으로 일을 하며 대내외 의례사를 작성하고 기자실도 담당하고 있다. 또한 월간 부산상의도 발간하며 부산 상공회의소를 홍보하기 위해 노력하고 있음.

3) 실무자 인터뷰

01. 홍보팀으로 오게 된 계기는?

○○대 광고홍보학과를 졸업. 적성에 맞게 취직을 하다 보니 부산 상공회의소 취직. 당시에는 '조사 홍보팀'으로 취직하다가 조사팀과 홍보팀으로 나뉘면서 홍보팀으로 오게 됨.

02. 면접 시 물어보던 질문은?

전국의 상공회의소는 각각의 지역기업이 만든 상공회의소라 회장님이 각각 있음. 그래서 회장님 면접을 하는데, 실무적인 부분보다는 인성과 마음가짐에 대해 질문함.

03. 평소 하시는 일은?

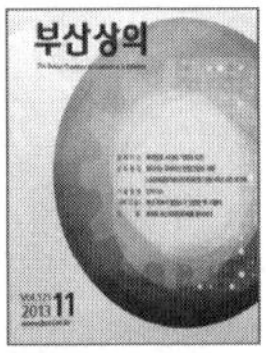

부산상공회의소의 사보인 월간 '부산상의'를 제작.상공회의소의 이달의 활동상과 기업에게 알려줘야 하는 경제 정보 등을 다루고 있음.

04. 월간 부산상의 배부처는?

매달 3,000부를 발행하는데 2,700부는 회원기업으로 배송. 200부 정도는 부산시 지역자치단체나 전국 상공회의소, 대학교의 도서관으로 배포.

05. 가장 최근에 사보에 넣었던 이슈는?

작년까지는 가덕도 신공항. 올해 최근 3개월은 북극항로에 대해 얘기했음.

06. 일반 소비자를 위한 홍보와 기업홍보의 차이점은?

제품을 생산하는 것이 아니라 기업 자체를 회원기업들에게만 홍보하기 때문에 일차적. 기자를 통해 언론에 보도자료를 배포하고 주요 기업 인사 간담회 등도 실시.

07. 청년취업인턴제를 실시하던데, 어떤 식으로 홍보를 하는지?

언론보도를 통해 개소식을 했다고 홍보. 관내에 기업인력지원센터가 있으며, 기업 인사담당자와 학교, 교육청 담당자들과 모여 간담회도 했었고 이 부분도 언론보도가 됨. 대학생들을 모아 지역 유망기업 탐방하는 프로그램도 준비 중.

08. 당신의 꿈은?

가정적으로는 행복하고 건강한 소박한 꿈을 가지고 있고, 사회적으로는 우리 부산상공회의소의 활동이 많이 알려져서 기업이 브랜드파워를 가졌으면 좋겠음.

2. 관심 기업 분석하기

1) 기업 분석의 정의

취업을 준비하는 많은 지원자들은 면접 직전이 되어서야 기업에 대한 분석을 시작한다. 그러나 기업 분석은 목표를 설정하고 지원을 시작하고자 하는 첫 단계에서부터 선행되어야 한다. 인사 담당자들은 구직자가 자기 회사에 관해 얼마나 잘 알고 있는지를 중요하게 평가한다. 따라서 선행적으로 해당 기업에 관한 많은 연구가 필요하다. 이는 구직자에게도 역시 중요한 부분이며 그 기업의 문화와 가치, 성과 등에 대해 잘 알고 있어야 자신에게 맞는

〈표 10-1〉 기업 분석 항목과 내용

항목	주요 분석 내용
기업의 기본 정보	• 기업명, 대표, 설립일, 기업 형태, 계열사, 홈페이지 주소 등
기업의 개요	• 회사의 연혁, 매출 정보, 직원 현황, 조직도, 글로벌 네트워크 등 • 특히 매출액과 영업 이익을 확인하는 것이 중요하며 영업 이익이 6% 이상일 때 비교적 양호하다고 판단할 수 있음
기업의 경영 철학	• 회사의 윤리 강령, 인재상, 핵심 가치, 비전 등
기업의 사업 분야	• 시장 점유율, 주요 제품, 경쟁사 관계, 사업 전략, 투자 계획, SWOT 등
기업의 직무와 인사 제도	• 회사의 주요 직무, 직원의 복지, 인사 제도, 경력 개발 관련 제도, 채용 절차 및 분야 등
기업의 미래 발전 가능성	• 현재의 기업 경쟁력도 중요하나 미래의 발전 가능성과 직무를 고려할 필요가 있음: 장기적 측면에서 장래성이 결여된 산업이나 기업의 경우 입사를 신중하게 고려해야 함
대기업과 중소기업 비교	• 대기업과 중소기업을 비교하여 각각의 장단점을 비교하는 것이 필요함: 중소기업이라고 할지라도 미래 경쟁력을 갖춘 장래 유망 산업이 될 수 있으므로 자신의 적성에 맞고 장래가 보장된 중소기업 입사는 좋은 선택이 될 수 있음

기업을 실패 없이 선택할 수 있다. 가족과 보내는 시간보다 더 많은 시간을 보내는 곳이 직장이기도 하기 때문에 배우자를 선택하듯이 관심 기업에 대해 신중하고 철저히 조사하고 분석하여 지원을 결정할 필요가 있다(김인기, 이향정, 2016).

2) 기업 분석 실전에 도전하기

기업 분석의 첫 번째 단계는 자신이 원하는 분야의 기업들 중 5~10개 정도의 기업을 선택하여 분석하는 것이다. 온라인을 통해 기업의 기본적인 정보를 다차원적으로 수집하고 오프라인을 통해 현실적인 정보들을 수집하고 직접 경험하는 것은 중요하다. 기업 분석의 각 항목에 따라 목록을 작성하다 보면 여러 기업들을 동시에 비교해 볼 수 있기 때문에 기업 하나하나를 따로 떼어 살펴보는 것에 비해 자신이 원하는 조건을 더욱 효율적으로 발견할 수 있을 것이다(강규형, 2013).

Activity 10-6

■ 기업 분석 목록 작성하기

기업 분석 목록

	기업 1	기업 2	기업 3
기업명			
분석 일시			
업종/분야			
근무지			
규모(인원/매출)			
지원분야			
연봉			
해당 기업의 장점			
해당 기업의 단점			
해당 기업의 특징			
기타 사항			

출처: 강규형(2013), p. 121. 재구성.

Activity 10-7

■ 희망 기업의 정보 분석하기

희망 기업 분석 정보

기업의 기본 정보	기업명	
	설립일	
	기업 형태	
	계열사	
	홈페이지	
기업의 개요	회사 연혁	
	매출 정보 및 영업 이익	
	지원 현황	
	조직도	
	글로벌 네트워크	
기업의 경영 철학	비전	
	경영 방침	
	핵심 가치	
	인재상	
	윤리 강령	
사업 영역	시장 점유율	
	주요 제품	
	경쟁사 관계	
	사업 전략 (투자 계획, SWOT 분석)	
직무 소개 및 인사 제도	주요 직무	
	직원 복지	
	인사 제도	
	경력 개발 제도	
	채용 절차	

출처: 김인기, 이향정(2016), p. 48. 재구성.

제11장

취업 성공을 위한 이력서 및 자기소개서

1. 경쟁력 있는 이력서 작성하기

1) 이력서의 의미

이력서는 학력, 경력, 자격, 특기, 활동 사항 등 지원자가 가진 배경과 역량을 일목요연하게 정리해서 한 장에 보여 주는 '내 경력의 청사진'으로, 지원자가 어떤 사람인지를 알리는 마케팅 도구이자 자신을 어떻게 활용할 수 있는지를 보여 주는 설명서이기도 하다. 결국 이력서는 '나'라는 상품의 핵심 역량과 경쟁력 등 지원자의 장점을 최대한 강조하여 기업이 원하는 인재상에 맞추어 작성한 광고 전단지라고도 볼 수 있다(남미정, 2015).

따라서 이력서를 작성할 때에는 자신의 입장이 아닌 인사 담당자의 입장에서 기업이 원하는 자격 기준을 먼저 고려해야 한다. 이력서는 입사를 위한 기초 자료이자 첫 관문이라 할 수 있으므로 입사 과정의 1차 관문을 통과하고 면접의 기회를 잡기 위해서는 자신이 지원하는 분야를 위해 잘 준비된 적합한 인재임을 부각시킬 수 있는 이력서를 작성하는 것이 중요하다.

경쟁력 있는 이력서를 작성하기 위해서는 본격적으로 이력서를 작성하기 전에 충분한 시간을 할애하여 자신의 성격, 직업 선호도, 능력 등을 파악하는 자기 분석의 시간을 반드시 가져야 한다. 또한 채용 정보와 기업 분석에 근거한 기업 직무의 분석, 그리고 자신의 특성과 기업의 요구가 잘 맞는지를 매칭해 보는 과정을 거치는 것이 중요하다. 자신이 원하는 직종이나 업종을 선택하고 이와 연관 지어 자신의 경쟁력을 분석하였다면, 그다음은 지원하고자 하는 회사의 핵심 능력을 정확하게 파악하여서 자신의 특성과 기업의 요구 사이에 어떤 공통분모가 있는지를 연결해 보는 작업을 거쳐야 한다(워크넷: www.work.go.kr).

2) 이력서의 기본 내용과 작성법

(1) 이력서 제목

이력서라는 용어 대신에 직무에 적합한 자기 자신의 역량, 성격 특성, 소질, 열정 등에 근거해 자신을 한 구절로 나타낼 수 있는 문구를 만들어서 사용할 수 있다(예: 비전과 열정을 소유한 21세기형 인재, 21세기 영업을 이끄는 인재, ○○○은 나의 꿈입니다 등).

(2) 인적 사항

성명은 한글, 한자, 영문으로 모두 기재하고 사진은 최근 3개월 이내에 찍은 것으로 단정하고 용모가 준수한 것을 사용한다. 현 주소는 주민등록상의 주소를 기준으로 기재하는 것이 원칙이나 가급적 회사로 통근이 가능한 주소를 사용하는 것이 좋고, 거리가 멀다면 회사와 가까운 지인의 주소를 기입하고 '현재'라고 표기하는 것도 좋은 방법이다.

연락처는 휴대폰, 집 전화, 긴급연락번호 세 가지를 모두 작성한다. 대부분

기업이 온라인으로 입사 채용을 하기 때문에 이메일 주소는 반드시 기입하되 자신을 잘 표현할 수 있는 이메일 주소를 사용한다. 호주와의 관계는 호주의 입장에서 본 자신으로서 장남, 차녀 등으로 작성한다. 지원 분야는 주로 인적 사항란에 함께 포함되는 경우가 많으며, 눈에 잘 띄는 위치에 명기하는 것이 중요하다.

(3) 사진

사진은 인사 담당자의 시선이 가장 먼저 가는 곳이므로 호감을 줄 수 있는 프로필 사진을 사용해야 한다. 최근 3개월 이내에 촬영한 것으로 단정하고 용모가 준수한 사진을 준비하되, 의상은 계절에 맞는 기본 정장 차림으로 하고 첫 직장인 같은 인상이나 웃는 모습을 담은 사진을 이용한다. 그러나 과도하게 포토샵으로 수정하는 것은 좋지 않은 방법이다. 특히 최근 블라인드 채용이 도입되면서 사진을 첨부하지 않는 경우도 있으므로 채용 공고를 꼼꼼히 체크하여야 한다.

(4) 학력 사항

대학, 전문대학, 고등학교까지 최종 학력부터 기재하며, 정확한 입학 및 졸업 일자를 기입한다. 또한 졸업 예정일 경우에는 졸업일을 기재하고 '졸업 예정'이라고 기입하면 된다. 학점은 유리하다고 판단될 때에만 학력 사항에 기재한다. 남자의 경우, 군 입대일, 제대일, 군별 사항(육군, 해군, 공군 등)을 학력에 포함시켜 기재할 수 있다.

(5) 경력 사항

지원 분야와 관련된 경력을 최근 경력 순으로 작성한다. 신입 지원자의 경우에 직장 생활 경험이 아직 없다는 이유로 경력 사항을 빈칸으로 두는 경우가 많다. 그러나 실제 경력이 없다고 하더라도 지원 분야와 관련된 아르바이트나 봉사 활동 등의 경험이 있다면 이를 기재하는 것도 좋은 방법이며, 구체적인 기간, 장소, 수행 업무 등을 기재한다. 해외 연수나 교환 학생 경험이 있다면 성과에 중점을 두고 그 결과를 기록한다.

(6) 자격 및 특기 사항

전공 또는 지원 분야와 관련된 각종 면허나 자격증 취득 현황을 최근 취득한 순으로 기입하되 반드시 취득일과 발행 기관을 기재해야 공신력을 인정받을 수 있다. 증빙 서류를 원하는 기업도 있기 때문에 자격증은 정확하게 기록하는 것이 필요하다. 컴퓨터 능력은 자격증이 없는 경우라 하더라도 활용 능력이라는 항목을 추가하여 자신의 컴퓨터 활용 능력을 상, 중, 하 등으로 기재하는 방식이 유리하다. 외국어 능력은 1~2년 이내의 공인 인증 점수를 기록하고 만료일이 있으므로 취득일을 반드시 기재한다.

(7) 학교 활동, 사회봉사, 동아리 활동

지원 분야와 관련된 각종 국내외 봉사 및 동아리 활동 등을 자세히 기재하도록 하되, 활동 기간, 내용, 활동, 직책, 영향 등을 기술한다. 취업에 도움이 되는 사회봉사 활동 실적을 위해 미리 해당 기관에서 봉사 활동 확인서를 발급받아 두는 것도 좋은 방법이다.

(8) 기타 사항

공모전, 장학금, 대외기관 표창장 등 수상 경력은 수상 일시, 내용, 수여 기관 등을 정확히 기입한다. 최근 온라인 접수가 일반화되어 따로 날인할 필요가 없는 경우도 있지만, 오프라인으로 서류를 제출할 경우 모든 내용을 기재한 후 '모든 내용은 사실과 다름이 없습니다.'라고 기입하고 하단에 작성 연월일과 본인 성명을 기재한 후 도장을 찍음으로써 이력서에 대해 자신이 책임을 지는 모습을 보이는 것이 중요하다. 이때 서명 칸에 사인이나 막도장을 사용하기보다는 동그란 인감도장으로 바르게 찍는 것이 바람직하다.

이메일로 서류를 제출할 경우, 이메일 제목에 지원 분야명을 반드시 기재하고 성적증명서, 졸업증명서, 자격증 등은 스캔을 해서 첨부하며 인사 담당자의 편의를 위해 압축파일은 피하는 것이 바람직하다. 이메일 본문에는 지원 분야, 생년월일, 출신 학교 및 학과 등 인적 사항을 간략히 포함하여 간결하게 편지를 쓰는 것이 좋으며, 보낸 사람의 이메일 주소나 닉네임은 자신의 개성과 특성을 표현할 수 있는 것으로 보내는 것이 유리하다.

[읽기 자료 11-1] 이력서 작성 예시

입사 지원서

인적 사항

사진	성명	조○○	한문	○○○		영문	Jo, ○○
	생년월일	19○○년 ○월 ○일 (만 ○○세)	성별	남	주민등록번호	85○○○○-○○○○○○○	
	주소	(○○○○○) 서울특별시 ○○○구 ○○○로 ○○길 ○○					
	TEL	02-○○○○-○○○○		HP	010-○○○○-○○○○		
	E-mail	1234@naver.com		지원 분야	사무직		

학력 사항

기간	학교명	전공	평균학점
○○○○.03. 01~○○○○.02. 28	○○대학교(졸업예정)	경상학부 경영학	4.1/4.5
○○○○.03. 01~○○○○.02. 28	○○고등학교(졸업)	–	–

경력 사항

기간	내용
○○○○.○○.○○~○○○○.○○.○○	○○○ 셀프리더십 트레이닝 프로그램
○○○○.○○.○○~○○○○.○○.○○	○○○스포츠 센터 CS 관리/경리
○○○○.○○.○○~○○○○.○○.○○	○○시 차세대 리더십 연수
○○○○.○○.○○	○○재단 장학생 선발
○○○○.○○.○○~○○○○.○○.○○	어학연수(호주 ○○○ 대학교)

자격증 및 보유 능력

취득일자	자격증명	시행기관	숙련도
○○○○.○○.○○	워드프로세서 단일등급	대한상공회의소	상
○○○○.○○.○○	컴퓨터 활용능력 2급	대한상공회의소	상
○○○○.○○.○○	전산회계 2급	한국세무사협회	상

기타 사항

○○○○.○○.○○~○○○○.○○.○○: ○○시 ○○ 지역아동센터 대학생 자원봉사 프로젝트 참여(독서 상자 제작)
○○○○.○○.○○: 성적우수상 수상 (○○대학교 총장)
○○○○.○○.○○~○○○○.○○.○○: 사랑의 집짓기 프로젝트 참여

위의 사실이 틀림없음을 서약합니다.

20○○년 ○월 ○일

작성자 ○○○ (인)

3) 이력서 작성 실전에 도전하기

Activity 11-1

■ 입사지원서 작성해 보기

나의 특성과 역량을 가장 잘 나타내 보여 줄 수 있는 나만의 이력서를 작성해 봅시다. 이력서 각 항목의 작성 요령을 기억하며 빠짐없이 기록해 보도록 합니다.

입사 지원서

인적 사항

사진	성명		한문		영문	
	생년월일		성별		주민번호	
	주소					
	TEL		HP			
	E-mail		지원 분야			

학력 사항

기간	학교명	전공	평균학점

경력 사항

기간	내용

자격증 및 보유 능력

취득일자	자격증명	시행기관

기타 사항

위 기재 사항은 사실과 틀림없음.

년 월 일

(인)

Activity 11-2

■ 자신이 작성한 이력서 점검하기

체크 리스트를 사용하여 내가 작성한 이력서를 스스로 평가해 봅시다. 그리고 다른 사람이 기재한 이력서를 검토해 보고 체크 리스트를 작성하여 봅시다. 이력서 작성 시 잘한 점과 미비한 점을 확인해 보도록 합니다.

나의 이력서 체크 리스트

구분	이력서 체크 리스트 항목	확인
구성	독창적이며 전체적인 구성이 제대로 되었는가?	
사진	사진은 규격에 맞고 호감 가는 사진이 부착되었는가?	
연락처	집, 휴대폰, 긴급 전화번호가 모두 기재되었는가?	
지원 분야	지원 분야는 눈에 잘 띄는 곳에 명기되었는가?	
학력 및 경력	학력 및 경력사항이 정확하고 간결하게 기록되었으며, 최근 학력 및 경력부터 잘 기입되었는가? (선택: 군필자인 경우 군복무 사항을 학력의 해당 시기에 기입하였는가?)	
자격증 및 능력	전공이나 지원 분야와 관련된 최근 취득 자격증부터 잘 기입되어 있는가? 컴퓨터에 관한 내용을 기입하였는가?	
기타 사항	인성, 글로벌 인재, 도전 정신, 창의성, 교육 훈련, 능력에 관련된 사항들이 최근 연도순부터 빠짐없이 기록되어 있는가?	
마무리	위 기재 사항은 사실과 틀림없음과 지원 날짜, 날인 부분에 도장이 빠짐 없이 찍혀 있는가?	
공통 사항	내용에 오탈자가 없는가?	
	서류가 성의 있게 깔끔하게 제출되었는가? 구겨지거나 임의로 작성되지는 않았는가?	
	이력서는 양질의 용지로 인쇄되었는가?	
지원 사항	지원 회사의 작성 지침에 근거해 작성되었는가?	
이력서 제목	자유 형식의 이력서 작성 시, 이력서라는 용어 대신에 자신을 한 구절로 드러낼 수 있는 문장을 잘 기입하였는가? (지원 기업의 이력서 양식에 따라 다름)	

출처: 이향정, 김인기, 이상희(2011), p. 95. 재구성.

2. 임팩트 있는 자기소개서 작성하기

자기소개서는 인사 담당자가 지원자의 성격이나 태도, 지원 동기와 직무 역량 등의 정보를 얻기 위해 활용하는 서류이다. 지원하는 기업이 자신을 채용하도록 설득하기 위해서는 지원하고자 하는 직무를 분석해서 그 직무에 맞는 지식과 역량, 경험을 구체적인 사례로 뒷받침할 때 더욱 의미 있는 자기소개서가 될 수 있다(워크넷, www.work.go.kr). 만약 서류 전형을 통과한다면 추후 면접에서 면접관은 자기소개서를 바탕으로 하여 지원자에 대한 정보와 질문의 자료를 얻게 되므로 인사 담당자와 면접관의 관심과 궁금증을 유발할 수 있도록 신중하게 작성할 필요가 있다. 자기소개서는 곧 자신의 얼굴이며 자신을 알리는 '한 장 승부'라는 점을 명심해야 한다.

그렇다면 자기소개서를 어떻게 잘 쓸 수 있을까? 이 질문에 대한 답은 채용 담당자 입장에서 보기에 편한 자기소개서를 작성하는 것이라 할 수 있다. 자기 자신을 위주로 한 자기소개서가 아니라 채용 담당자 위주의 자기소개서를 쓸 때 가장 잘 쓴 자기소개서가 되는 것이다. 또한 지원하고자 하는 희망 기업이 자기소개서에 어떤 내용들을 요구하고 있는지 미리 살펴보고 파악하는 것이 필요하다. 사람인(www.saramin.co.kr) 등의 취업 전문 사이트에서 1,000대 기업의 자기소개서 항목을 사전에 검토하고 자신의 희망 기업에 맞게 준비하는 것도 좋은 방법이다. 기업의 인사 채용 원칙은 가장 우수한 사람을 뽑는 것이 아니라 그 지원자가 기업의 구성원으로서 요구되는 역량에 가장 부합하며 회사와 직무 분야에 적합한 사람인지를 평가하는 것이다(김순향, 2017).

1) 기업이 자기소개서를 요구하는 이유

기업은 자기소개서에 기술된 지원자의 가정 환경 및 성장 과정을 통해 그 지원자의 성격이나 가치관을 파악하길 원한다. 또한 지원자의 학교생활이나 동아리 활동을 통해 그 사람의 대인관계의 특성, 조직에 대한 적응력, 성실성이나 책임감, 또는 창의성 등을 파악하고자 한다. 입사 후 직무에 임하는 자세, 또는 지원자의 장래성을 파악하는 데에도 자기소개서는 큰 부분을 차지하는데 이는 자기소개서를 통해 지원자가 직무에 임할 자세가 되어 있는지, 지원 동기가 확실한지를 파악할 수 있기 때문이다. 조직 생활에서 대부분의 경우 주로 글을 통해 공식적인 의사 전달 과정이 진행되기 때문에 자신의 신념이나 생각을 글로 표현하는 능력은 매우 중요한 소양이라 할 수 있다. 특히 자기소개서는 지원자 개인의 문장력뿐만 아니라 그 사람의 논리적 사고의 폭을 짐작 가능케 하며, 더 나아가 필체를 통해 그 사람의 성격까지도 어느 정도 파악할 수 있기 때문에 그 중요성이 부각되고 있는 것이다(김승렬, 곽진조, 송진영, 2017).

2) 자기소개서의 기본 내용

(1) 성장 과정

자신의 지원 분야에 관해 남다른 재능을 보였던 과거의 주요한 부분을 에피소드 위주로 작성하도록 한다. '저는 1982년 서울에서 자상하신 어머니와 엄하신 아버지 사이에 1남 1녀 중 장남으로 태어났습니다.'라는 구태의연한 표현을 사용하여 자신의 성장 과정을 연대기 순으로 작성하는 경우가 많다. 그러나 인사 담당자들은 지원자의 자서전보다 지원하는 직무에 적합한 역량을 갖추었는가에 더욱 관심이 있다. 가족과 관련된 이야기보다 어린 시절 기억에 남아 있는 독특한 경험을 중심으로 자기 자신이 주인공이 되면서 공감을 불러일으킬 수 있는 구체적인 경험 위주로 작성할 필요가 있다. 자신의 좌우명과 가치관, 구체적인 경험 사례와 그로 인한 성장 포인트 및 느낀 점 등을 구체적으로 기술한다.

[낯선 환경에서 키워 온 소중한 재능: 자립심, 소통, 어학 능력]

어린 시절, 부모님께서는 중국에서 잠시 일을 하셨기 때문에 저 또한 어린 시절의 대부분을 중국에서 보내게 되었습니다. 초등학교 4학년이라는 어린 나이에 중국이라는 낯선 땅에서 말도 통하지 않는 친구들과 함께 생활해야 했기에 좋은 점도 있었지만, 그래도 나름 힘들고 아픈 시간을 보냈습니다. 그러나 어린 시절의 아픔 덕분에 일찍부터 소통과 자립의 중요성을 체득했던 것 같습니다. 고등학교 2학년을 마치고 한국에 돌아와 대학 검정고시를 준비해서 언어특기자 전형으로 ○○○학과에 입학하게 되었습니다. 대학에 다니면서 중국어 통번역 아르바이트를 하여 생활비를 벌며 자립생활을 했고, 이 경험을 바탕으로 해군 어학병에 지원하여 군 생활 동안에도 지속적으로 중국어 통번역 활동을 하였습니다. 대학에 복학한 후에 감사하게도 국가 근로장학생으로 선발되어 현재까지 학내 정보 통신센터에서 컴퓨터 수리나 소프트웨어 업데이트 등의 업무 보조를 하며 컴퓨터 관련 실용 능력을 배양하고 있습니다.

출처: 사람인(www.saramin.co.kr). 재구성.

(2) 성격의 장단점

지원 분야와 관련된 자신의 강점과 장점을 부각하는 것이 필요하다. 특히 단점을 언급할 때 솔직하고 간단히 기록하되, 그 단점을 극복하고 개선해 나가기 위해 자신이 어떤 노력을 하였는지 적극적으로 기술하는 것이 중요하다. 치명적인 단점은 기술하지 않는 것이 좋으며, 특히 대인관계 문제, 문제해결 능력 미비, 또는 게으르거나 성실하지 못한 점 등을 단점으로 기술하는 것은 피해야 한다.

> [적극성, 계획성, 그리고 글로벌 마인드]
>
> 활발하고 적극적인 성격입니다. 2015년 여름, 1개월 동안 유럽 배낭여행을 떠나기 위해 직접 프로그램을 계획한 적이 있습니다. 생소하고 어려운 점도 많았지만 관련 자료를 모으고 경험 있는 사람들의 의견을 수렴하면서 나만의 맞춤형 계획을 세울 수 있었습니다. 1개월 동안 유럽 각 나라의 독특한 문화와 민족성 등을 가장 최소의 비용으로 일목요연하게 경험하며 앞으로 항공사에서 일하기 위해 필요한 글로벌 마인드와 문화적 다양성에 대한 이해를 높일 수 있었습니다. 하지만 가끔 스스로에 대한 기대가 커서 원하는 학점을 받지 못했거나 스포츠 경기에서 패배할 때 자책하며 주눅이 드는 경우가 있었습니다. 이러한 저의 단점을 극복하기 위해 실패했을 때 자책하기보다는 그 실패의 이유를 객관적으로 분석하고 개선하기 위해 노력하고 있습니다.

출처: 사람인(www.saramin.co.kr). 재구성.

(3) 학교생활 및 경력 사항

지원 분야와 관련된 대학 생활과 동아리 활동, 아르바이트 경험, 인턴십 경험, 수상 경력 등을 전면에 부각하는 것이 좋다. 여러 활동을 통해 무엇을 경험하고 배웠는지를 기술하며, 특히 지원하는 기업이나 직무에 연관된 경험이라면 더 중점적으로 기술하는 것이 필요하다.

> [협상과 소통의 기술을 연마하다]
>
> 저는 최고의 해외영업 사원이 되기 위해 협상 능력을 길러 왔습니다. 대학교 1학년 때부터 독립된 생활을 하면서 모든 업무를 스스로 해결해 왔습니다. 그 예로, 간단하게는 핸드폰 개통부터 크게는 집 계약까지 제가 직접 해 왔습니다. 특히 집 계약을 할 때에는 철저한 지역 조사를 바탕으로 협상을 시도하여 시세보다 좋은 조건으로 계약을 할 수 있었습니다.
>
> 무역과 관련된 다양한 경험을 하면서 실무 지식을 쌓아 왔습니다. 대학원에 입학하여 국제통상을 전공했고, 특히 올해 한 해운사의 인턴십 프로그램을 통해 운항 및 중동 마켓 영업 보조 역할을 담당하면서 해운업에 대한 이해도

를 높일 수 있었습니다. 무역의 시작은 대화라고 생각합니다. 저만의 다양한 경험을 통해 상대방과 효율적으로 소통할 수 있는 창구가 되고 싶습니다. 이를 통해 ○○에서 세계를 누비는 무역 선구자가 되어 새 시장을 개척하는 데 이바지할 수 있는 능력 있는 사원이 되겠습니다.

출처: 사람인(www.saramin.co.kr). 재구성.

(4) 지원 동기

자기소개서 항목 중에 가장 중요한 부분이 바로 지원 동기이다. 지원 동기는 먼저 희망 기업과 지원 분야에 대한 심도 있는 분석을 통해 작성하여야 하며, 희망 기업과 지원자의 핵심 가치가 서로 잘 연계될 수 있도록 지원하는 직무와 그 이유, 직무를 수행하기 위해 그동안 자신이 준비해 온 과정을 간결하고 짜임새 있게 기술하는 것이 좋다. 자신의 인생관, 비전 등과 희망 기업의 경영 철학 및 인재상을 연계 지어 에피소드 중심으로 기재하는 것이 중요하다. 회사와의 남다른 인연이나 지원 분야에 관심을 가지게 된 계기 등을 강조해서 작성하는 것도 좋다.

[고품격 Air ○○○의 인간 지향과 조화의 가치로 날개를 달고자 합니다]

중국에 거주하던 시절, 한국을 방문할 때 AIR ○○○에 승객으로 탑승할 기회가 여러 번 있었습니다. 매번 친절한 고품격의 서비스를 제공하는 승무원들을 보면서 AIR ○○○에 대한 호감을 가지게 되었고 AIR ○○○의 일원이 되기 위해 성실히 준비해 왔습니다. 어린 시절부터 다져 온 중국어 실력과 다양한 문화에 대한 높은 이해를 바탕으로 사람 중심의 최상의 서비스를 제공하며 AIR ○○○의 핵심 가치인 고객 지향과 조화의 비전을 함께 실현해 나가고 싶습니다. AIR ○○○의 '중국의 날개-하늘에서 온 사랑'이라는 광고 문구에 걸맞게 고객에게 가식 없는 사랑을 전하며 인간과 과학의 조화와 균형을 추구하며 비상하는 AIR ○○○의 날개가 되고 싶습니다.

출처: 사람인(www.saramin.co.kr). 재구성.

(5) 입사 후 포부

지원하는 기업의 업종과 특성을 고려하여 자신의 포부와 비전을 구체적으로 기술한다. 이는 회사 내에서의 직무와 관련된 포부와 함께 자신의 개인적 자기계발을 위한 비전을 모두 포함한다. 실현 가능한 성취 목표와 계획은 단기, 중기, 장기로 작성하고, 그러한 목표를 달성하기 위해 어떠한 노력을 할 것인지 구체적인 전략을 체계적으로 제시하는 것이 좋으며, 이를 회사 생활과 결부시켜 상세히 언급하는 것도 좋은 방법이다. '무조건 열심히' '성실하게' 등 막연한 표현은 좋지 않다. 어떤 이유에서 자신이 그 기업에 필요한 존재인지 인사 담당자를 설득할 수 있는 설득력이 중요한 것이다.

[도전이 있어야 성공도 있다]

수입 전분이 시장을 잠식하며 경기가 침체되고 있는 현 실정에도 불구하고 ○○은 영양 강화 밀가루, 프리믹스 등으로 자신만의 경쟁력을 갖추어 나가는 것을 볼 때 ○○의 도전 정신을 느낄 수 있었습니다. 저 역시 생산 관리 분야에서 최고가 되기 위해 긍정적이고 진취적인 자세로 끊임없이 도전하겠습니다.

[입사 후 3년]

품질 관리는 제품의 보증일 뿐만 아니라 고객과의 약속입니다. 이를 위해 전공 지식에 기반하여 순발력과 센스를 가지고 고객의 만족을 위해 앞장설 것입니다. 저의 목표는 '노력하는 센스쟁이'가 되는 것입니다. 먼저 현장에서의 업무와 노하우를 배우기 위해 선임들과 현장에 계신 분들의 가르침에 겸손히 귀 기울여 살아 있는 실무 지식이 되도록 하겠습니다. 또한 각종 인증 규정과 식품업계 경향을 지속적으로 연구하고 분석하여 신뢰할 수 있는 먹거리를 제공하는 데 앞장서겠습니다.

[입사 후 10년]

체화된 실무 지식을 바탕으로 업계 최고의 먹거리 품질을 유지하는 데에 매진하겠습니다. 자기계발을 통해 새로운 아이디어를 창출하여 생산 및 품질 관리 부분에서 특허를 내려는 꿈을 가지고 있으며, 이는 회사의 성장에도 큰 도움이 될 것입니다. 또한 추후 생산부에서 닦아 온 경험과 지식을 바탕으로 사원들에게 교육을 실시하는 강연자가 되고 싶습니다. 어려서부터 평소 제 의견을 다른 사람들에게 전달하고 제가 알고 있는 지식을 나누는 것을 좋아했습니다. 이를 통해 사원들이 업무에 더 빨리, 더 효율적으로 적응할 수 있도록 도울 수 있으며, 제 꿈 역시 이룰 수 있는 좋은 기회가 될 것입니다.

출처: 사람인(www.saramin.co.kr). 재구성.

3) 자기소개서 작성 요령

임팩트 있는 자기소개서를 작성하기 위해 유념해야 할 주의 사항들은 다음과 같다.

- 지원하는 회사의 정보를 찾아 분석한다.
- 자신에 대하여 명확하게 소개한다.
- 강조할 부분을 찾는다.
- 문장은 간결하게 사용한다.
- 내용은 꾸미지 않고 솔직하게 기술한다.
- 지원 회사의 분위기와 문화를 먼저 파악한다.
- 두괄식으로 첫 문장을 강하게 어필한다.
- 자신이 바로 지원 회사가 원하는 사람임을 표현한다.
- 신중하게 공을 들여 작성한다.
- 구체적인 예시를 들면서 기술한다.
- 지원 회사를 위한 맞춤형 자기소개서가 되도록 작성한다.
- 자신이 지원하고자 하는 직무에 대해 분석한다.
- 추상적이고 불분명한 문구는 과감히 버린다.
- 수십 번 읽어 보고 고치고 또 고친다.
- 다른 사람에게 읽게 하고 피드백을 받는다.
- 인터넷에서 다운받거나 복사하여 붙여 넣지 않는다.

출처: 김승렬, 곽진조, 송진영(2017), p. 158. 재구성.

자기소개서에 주로 사용되는 호감 또는 비호감 문구를 정리하면 〈표 11-1〉과 같다. 비호감 문구는 가급적 사용하지 않도록 문구 선정에 신경을 써야 한다.

〈표 11-1〉 자기소개서의 호감/비호감 문구 순위

순위	호감 문구	단위(%)	순위	비호감 문구	단위(%)
1	긍정적, 밝은 성격	84.9	1	'나는'으로 시작하는 중복된 문장	80.2
2	팀워크	82.5	2	뽑아만 주신다면	73.0
3	책임감, 협동심	73.8	3	우등생, 반장, 1등	71.4
4	성실, 근면	73.0	4	엄격하지만 자상하신 부모님의 가르침 속에	68.7
5	열정적	63.5	5	화목한 가정의 ○남, ○녀로 태어나	62.7
6	○○ 분야의 전문가가 되고 싶습니다.	62.7	6	초일류, 최고의	61.1
7	친구가 많고	55.6	7	무슨 일이든 시켜만 주시면 열심히 하겠습니다.	57.9
8	○○한 경험을 통해 ○○를 키웠습니다.	54.0	8	솔직히 말씀드리면	56.3
9	독립적	51.6	9	준비된 인재	56.3
10	최선을 다해	46.8	10	약속드립니다.	55.6

출처: 워크넷(www.work.go.kr). 재구성.

[읽기 자료 11-2] 인사 담당자가 원하는 자기소개서

- 적절한 분량으로 편성(A4 1~2장)
- 솔직한 글
- 지원 동기로 시작
- 지원 기업에 맞는 맞춤형
- 지원 동기와 지원 분야가 구체적이고 확실
- 진실하고 진솔한 글
- 문장 및 표현의 일관성

- 과잉 치장 및 진부한 표현의 최소화
- 전문 용어, 약자 이용의 최소화
- 자신의 열정과 정성을 전략적으로 표현한 글

출처: 워크넷(www.work.go.kr). 재구성.

[읽기 자료 11-3] 좋은 평가를 받을 수 있는 자기소개서의 구성

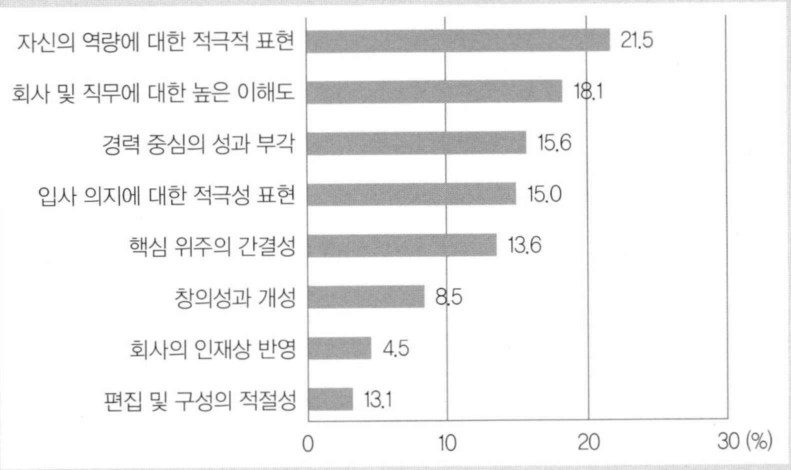

출처: 남미정(2015), p. 271. 재구성.

[읽기 자료 11-4] 자기소개서의 중요 평가 항목

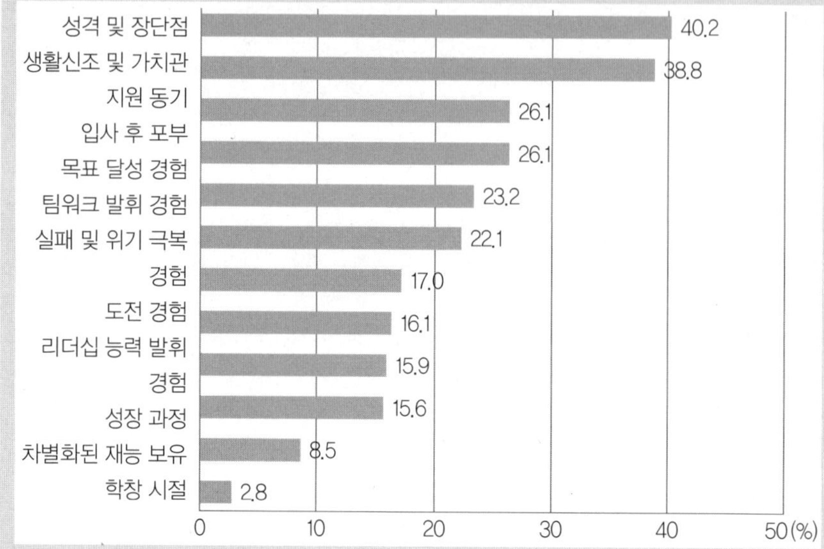

출처: 남미정(2015), p. 272 재구성.

4) 자기소개서 작성 실전에 도전하자

Activity 11-3

■ 자기소개서 작성하기

나를 가장 잘 표현해 줄 수 있는, 나만의 스토리를 담은 자기소개서를 작성해 봅시다. 자기소개서의 각 항목 별 작성 요령을 기억하며 임팩트 있는 자기소개서를 기록해 보도록 합니다.

자기소개서

성장 과정	
성격 및 장단점	

학교생활/ 경력 사항	
지원 동기	
입사 후 포부	

Activity 11-4

■ 희망 기업 맞춤형 자기소개서 작성하기

나의 희망 기업에서 요구하는 자기소개서 양식과 문항을 확인합니다. 각 문항에 해당하는 내용을 해당 기업의 요구에 맞추어 임팩트 있게 기록해 보도록 합니다.

➤ 예시 1: 삼양그룹 자기소개서 항목

1. 삼양그룹과 해당 직무에 지원하는 동기(800자)
2. 직무에 있어 그 일을 잘할 수 있는 차별화된 역량과 경험(800자)
3. 삼양그룹의 가치 중 자신과 가장 부합하다고 생각하는 가치를 선택하고, 이와 관련된 본인의 경험과 그것을 통해 이룬 것을 기재해 주십시오(신뢰, 도전, 혁신, 인재, 고객중심, 성과중심 中 택1 이상, 800자).
4. 입사 후 10년 내 이루고자 하는 목표(비전)와 이를 달성하기 위한 계획을 기재해 주십시오(800자).

➤ 예시 2: 삼성전자 DS 자기소개서 항목

1. 삼성 취업을 선택한 이유와 입사 후 회사에서 이루고 싶은 꿈을 기술하십시오.
2. 본인의 성장 과정을 간략히 기술하되 현재의 자신에게 가장 큰 영향을 끼친 사건, 인물 등을 포함하여 기술하시기 바랍니다(※작품 속 가상 인물도 가능).
3. 최근의 사회 이슈 중 중요하다고 생각되는 한 가지를 선택하고 이에 관한 자신의 견해를 기술해 주시기 바랍니다.

출처: 사람인(www.saramin.co.kr).

Activity 11-5

■ 자기소개서 평가해 보기

체크 리스트를 활용하여 내가 작성한 자기소개서를 평가해 봅시다. 자기소개서 기술 시 미비한 점이 있는지 확인해 보는 것은 중요합니다.

자기소개서 체크 리스트

구분	자기소개서 체크 포인트	확인
성장 과정	• 지원자의 삶에 영향을 준 가치관, 신념 등이 주요 항목으로 나타나 있고 실천했던 사례와 느낀 점 등이 잘 기술되어 있는가?	
성격의 장단점	• 자신의 지원 분야와 적합한 장점과 사례가 기술되어 있는가?	
	• 단점이 기술되고 극복 노력이 포함되어 있는가? 단점은 지원 분야의 직무에 나쁜 영향을 미치거나 대인관계에 문제가 있는 내용은 아닌가?	
학교생활/ 경력 사항	• 지원 분야와 관련 있는 경력 사항을 성과와 기여도를 포함한 스토리로 구성하였는가?	
	• 직무와는 관련이 없으나 학창 시절의 업적이 성과중심 스토리로 구성되어 있는가?	
	• 경력 사항 또는 학창 시절의 업적에 대한 성과와 지원 회사의 경영 철학(비전, 인재상 등)과 연계가 되고 있는가?	
지원 동기	• 자신의 직무 또는 특성(가치관, 좌우명, 소질 등)과 지원 회사의 인재상, 핵심 가치 등과 관련성이 있는가?	
	• 지원 회사에 대한 관심과 열정이 구체적으로 기술되어 있는가?	
입사 후 포부	• 입사 후 목표 지향적인 계획이나 각오가 구체적으로 기술되어 있는가?	
기타	• 내용이 참신하고, 독창적이며, 구체적이면서 간단명료하게 기술되어 있는가?	
공통 사항	• 오탈자 없이 정성 들여 작성하였는가?	
	• 서류는 성의 있고 깔끔하게 출력되었는가?	
	• 지원 회사의 상황에 적합한 내용으로 구성되었는가?	
	• '저는 ~으로'로 시작하는 구태의연한 표현 등을 사용하지 않았는가?	
	• 지나치게 과장된 표현을 사용하지 않고 솔직하게 작성하였는가?	
	• 올바른 한자를 사용했는가?	
	• 표현에 일관성이 유지되었는가?	
	• 두괄식으로 작성되었는가?	
	• 부정어나 지나친 수식어가 포함되지 않았는가?	

출처: 김인기, 이향정(2016), p. 100. 재구성.

제12장

호감을 주는 취업 면접과 이미지메이킹

1. 성공적인 취업 면접 대비하기

1) 면접의 중요성

면접은 취업의 향방을 좌우하는 가장 중요한 마지막 관문이기 때문에 시간이 갈수록 더욱 까다롭고 어려워지는 경향을 보인다. 최근 들어 기업들이 면접을 더욱 중요시하는 이유는, 서류 전형을 통해 지원자의 기본적인 실력이나 스펙은 확인할 수 있지만 실제로 질의응답을 통해서만이 지원자의 태도, 잠재력, 사고력, 업무 추진력, 성실성이나 인성 등을 파악할 수 있기 때문에 이를 통해서 기업 및 직무와의 적합성을 검증하고자 하기 때문이다.

면접은 지원자의 검증 과정 중에서 배점이 가장 높은 부분이다. 워크넷(www.work.go.kr)에 의하면, 서류 전형 후 면접을 보는 2단계 검증에서는 면접 비중이 100점 만점에 61점이었고, 서류 전형, 필기시험, 면접의 3단계 검증에서는 48점으로 나타나, 면접은 기업의 입장에서 인재를 검증하는 과정

중 가장 심혈을 기울이는 단계임을 알 수 있다. 정기 공채가 이루어졌던 과거에는 '서류 전형 → 면접' 순으로 채용 과정을 진행했지만, 현재는 '서류 전형 → 실무진 면접 → 프레젠테이션 면접 → 임원 면접' 등으로 면접 단계가 복잡해지고 있다. 또한 기업들은 스펙상 큰 차이를 보이지 않는 지원자들 가운데 옥석을 가리기 위한 방안으로서 이색 면접, 단계별 면접, 심층 면접, 압박 면접, 합숙 면접 등의 다양한 면접을 실시하고 있는 추세이다(워크넷, www.work.go.kr).

2) 면접 유형의 특징과 전략

최근 기업들은 직원 채용 시 한 번의 면접으로 끝내지 않고 최소 두 단계 이상의 면접을 시행하는 경향을 보이고 있다. 면접은 주로 실무진 면접과 임원진 면접으로 이루어지며, 면접의 방법 역시 단계별로 다르게 진행된다. 다양해진 면접의 유형과 특징 및 전략은 〈표 12-1〉과 같다.

〈표 12-1〉 면접의 유형과 특징 및 전략

면접 유형	특징	전략
단독 면접	• 면접관 한 명과 지원자 한 명이 면대면으로 만나 개별적으로 질의응답하는 일반적인 면접 방법 • 중소기업에서 주로 사용하는 면접 방식	자신의 능력과 자질을 최대한 표현하기, 성실히 답변하기
개별 면접	• 여러 명의 면접관이 한 명의 지원자를 대상으로 하여 면접을 진행하는 방식 • 여러 명의 면접관이 동시에 평가하는 방식이므로 평가의 객관성이 있고 지원자의 다양한 면을 평가할 수 있는 장점이 있음	자신감을 가지고 성의를 다해 답변하기
집단 면접	• 다수의 면접관이 다수의 지원자를 동시에 평가하는 방식 • 면접관의 입장에서 여러 지원자를 동시에 비교하며 관찰할 수 있음	자신만의 차별화된 강점 피력하기

집단 토론 면접	• 토론 주제를 제시한 후 지원자들의 토론 과정을 평가하는 방식 • 이해력, 표현력, 발표력, 협동심, 적극성 등을 평가하게 됨 • 지나치게 경쟁하는 자세는 피해야 함	경청하는 자세 취하기, 리더십, 배려, 논리적 사고 표현하기
프레젠테이션 면접	• 주어진 시간에 특정 주제에 대해 지원자가 가진 의견이나 지식, 경험을 발표하는 기술적 면접 방식 • 추측성 발언이나 불명확한 데이터는 피해야 함	핵심 주제어를 명확히 제시하기, 프로의 모습 보이기
임원 면접	• 실무 경험이 풍부한 임원들이 직접 면접을 실시하므로 지원자의 압박감이 큰 면접 방식. 철저한 자기 분석 및 기업 분석에 근거한 1분 자기소개와 첫 인상이 가장 중요한 평가 요소가 됨	자신만의 차별화된 강점 부각하기
영어 면접	• 영어로 지원자의 의사소통 능력과 표현력, 글로벌 마인드 등을 평가하는 방식 • 원서를 주고 번역을 요구하는 등 실제 업무에 필요한 외국어 능력을 파악하는 면접 방식	글로벌 마인드, 실무 영어 능력 훈련하기
다차원 면접	• 회사 밖에서 지원자와 면접관이 레저, 스포츠, 술자리, 산행, 합숙 행사 등을 함께하며 다각적인 평가를 하는 면접 방식 • 예: 세일즈 면접–직접 물건을 팔아 보게 하여 평가하는 면접 방식	상황별 매너, 인성, 재치 발휘하기
압박 면접	• "당신은 이 업무와 맞지 않는데 왜 지원했죠?"와 같이 면접관이 응시자의 약점을 들춰내거나 화를 북돋우는 면접 방식 • 지원자에게 불쾌감을 주면서 자제력, 인내력, 판단력 등을 평가함 • 상대방의 의견을 무시하거나 자기주장만을 고집하면 안 됨	질문에 당황하지 말고 여유롭게 대처하기
블라인드 면접 (무자료 면접)	• 면접관이 지원자의 출신 지역, 학교, 전공, 성적 등 기초 자료 없이 표준 질문만으로 면접하는 방식 • 블라인드 면접은 선입견을 배제한 상태에서 객관적이고 공정한 평가가 가능함	솔직하고 자신감 있는 태도 표출하기
동료평가 면접	• 지원자들이 다른 지원자를 상호 평가하는 방식 • 대개 응시자끼리 조를 편성하고 조별로 활동하며 각 조원을 평가함 • 지원자의 인간관계를 평가하는 것이 주목적임	자신의 주장을 펼치면서도 상대의 의견을 존중하고 협력하는 자세 보이기

롤플레잉 면접	• 주로 항공사에서 객실 승무원을 뽑기 위해 실시 • 승객이 어려운 일을 요청하거나 커피를 쏟았을 때, 어린아이가 소란을 피울 때 등 다양한 상황을 설정해 놓고 면접자들이 대처하는 방법을 평가함	순발력을 가지고 재치 있게 대처하기

출처: 김순향(2017), p. 180; 워크넷(www.work.go.kr). 재구성.

3) 면접 평가 요소

면접 시 면접관들이 지원자를 평가하는 주요 요소는 크게 관찰 평가, 인성 평가, 내용 평가의 세 가지 기준으로 요약할 수 있다(워크넷, www.work.go.kr).

(1) 관찰 평가

관찰 평가에서는 시각적으로 평가할 수 있는 모든 요소가 평가 대상이 된다. 특히 첫인상이 큰 부분을 차지하며, 눈으로 확인 가능한 전반적인 외모, 인상, 건강 상태, 복장, 면접에 임하는 태도 등이 주된 평가 요소이다. 따라서 지원자는 최대한 호감을 주는 이미지를 만들기 위해 스스로 꾸준히 준비하고 노력할 필요가 있다.

(2) 인성 평가

인성 평가에서는 면접 과정 중 표출되는 지원자의 성격이나 성향에 대한 요소를 평가한다. 면접관들에게 자신이 신선한 감각을 가지고 있고 발랄한 성격의 소유자라는 이미지를 심어 주는 것이 가장 중요한 부분이다. 그리고 직장은 단체 생활이 기본이라 할 수 있으므로 내향적인 사람보다는 외향적인 사람을 더 선호한다는 사실도 염두에 둘 필요가 있다. 또한 인화적 태도를 기반으로 자신이 원만한 성격과 중용적 사고방식의 소유자임을 표현하는 것이 중요하다. 대화법 또한 매우 중요한 요소로서 두괄식 표현을 사용하여 결론을 앞에 두고 간단명료하며 확실하게 자신의 의사를 전달한다면 면접관의 호감을 얻을 가능성이 크다.

(3) 내용 평가

내용 평가에서는 지원자가 실무를 담당할 수 있는 능력을 실제로 가지고 있는지의 여부를 평가하게 된다. 내용 평가의 하부 평가 요소로는 주로 글로벌 마인드, 인성, 가치관, 전문성, 사고력, 리더십, 문제 해결 및 대처 능력, 전문가 정신, 창의성, 진취성 등이 포함되며, 이러한 하부 요소들의 평가를 통해 지원자의 실무 담당 능력을 평가한다.

〈표 12-2〉 내용 평가 요소별 질문의 예시

항목	질문의 예시
글로벌 마인드	• 해외 생활 경험이 있는지? • 외국어 실력은 어떠한지?
인성	• 자신의 성격 중에서 장점과 단점은?
가치관	• 회사와 개인 생활 중 우선순위는? • 어떤 가치를 최고의 가치로 생각하는지?
전문성	• 직무와 관련된 자격증은 어떤 것이 있는지? • 직무와 관련하여 실제로 어떤 경험이 있는지?
사고력	• 지원한 회사의 향후 전망과 미래 전략에 대한 의견은?
리더십	• 동아리나 봉사 활동 중 리더십을 발휘했던 경험은?
문제 해결 및 내처 능력	• 여행 계획을 세웠는데 갑자기 중요한 업무가 생겼다면 어떻게 하겠는지? • 직장 내에서 갈등이 발생한다면 어떻게 하겠는지?
전문가 정신	• 직무와 관련하여 어떻게 자기계발을 해 왔는지?
창의성	• 20년 뒤 휴대폰의 패러다임은 어떻게 변화할 것인지?
진취성	• 살아오면서 가장 힘들었던 일과 해결 방안은?

출처: 워크넷(www.work.go.kr). 재구성.

4) 면접 질문 분석

면접에 사용되는 질문의 유형으로는 크게 기본적인 질문, 인성 관련 질문, 직무 관련 질문으로 나누어진다. 각 유형별 질문에 대한 설명은 다음과 같다(이향정, 김인기, 이상희, 2011).

(1) 기본 질문

면접에서 면접관이 가장 많이 하는 질문은 바로 "자기소개를 해 보세요."라는 질문이다. 면접에 따라 자기소개는 15초, 30초, 1분 정도의 시간이 주어지는데, 자기소개는 아마도 가장 어렵고도 중요한 면접 질문이며 첫인상을 좌우하는 부분이기도 하다. 자기소개는 지원 동기와 업무 능력이 주 내용이 되며, 특히 자신의 지원 분야에 적합한 동기와 능력으로 구성될 필요가 있다. 따라서 다양한 방법으로 자기 자신을 소개할 수 있는 전략을 구상해 놓아야 한다. 철저한 자기 분석에 근거해 자신만의 독창적이고 인상 깊은 자기소개를 하기 위한 꾸준한 연습이 필요하다.

- 기본 질문의 예시
  - 자기소개를 30초 동안 해 보세요.
  - 자신이 지원한 직무와 연계하여 자신을 소개해 보세요.
  - 영어로 1분간 자기소개를 해 보세요.
  - 본 회사에 지원한 이유는 무엇입니까?

(2) 인성 관련 질문

지원자의 성장 과정, 대인관계, 사회성, 윤리성, 가치관 등의 요소를 질문하며 주로 자기소개서를 바탕으로 질문하는 경향을 보인다. 지원자의 심리 상태와 가치관 등을 취미나 감명 깊은 책 등과 관련된 질문을 사용하여 우회적으로 물어볼 수 있으니 평범한 질문이라고 해서 쉽게 생각해서는 안 된다.

- 인성 관련 질문의 예시
  - 조직 생활에서 가장 중요한 것은 무엇이라 생각합니까?
  - 지금까지 살면서 가장 힘들었던 일과 가장 행복했던 일은 무엇입니까?
  - 최근에 가장 집중하고 있는 일은 무엇입니까?
  - 상사와 업무상 견해가 다를 경우 어떻게 해결하시겠습니까?

(3) 직무 관련 질문

직무에 관련된 질문은 주로 전공과 관련된 내용, 회사의 주요 사업이나 신문 기사 질문, 자기계발 내용, 채용해야 할 이유 등으로 지원 분야의 직무에 대해 어느 정도의 직무 능력을 가지고 있는지를 파악하기 위한 질문으로 구성된다. 따라서 기본적인 전공 지식과 지원 분야의 직무 내용을 잘 파악해서 해당 직무를 성공적으로 잘 수행할 수 있다는 자신감을 보여 주는 것이 중요하다.

- 직무 관련 질문의 예시
  - 회사에 들어오면 어떤 일을 하고 싶습니까? 그 이유는?
  - 자신이 선발되어야 하는 이유를 말해 보세요.
  - 지원 분야와 관련된 경험을 얘기해 보세요.
  - 어학 실력은 어느 정도입니까?
  - 오늘 조간신문의 경제면 톱기사는 무엇이었나요?

[읽기 자료 12-1] 30초 자기소개 예시

안녕하십니까.
저는 해외영업 직무에 지원한 OOO입니다.
저는 다양한 물건들을 가리지 않고 넉넉하게 담아내는 '다용도 그릇'과 같은 사람입니다.
친화성이 뛰어나 지금까지 국내와 해외에서 여러 독특한 경험을 통해 다양한 사람들을 만나 적극적으로 소통을 해 왔고, 어떤 개성이나 성격을 가진 사람이라 하더라도 그들의 마음을 얻으며 제 편으로 만들 수 있을 만큼 폭넓은 인간관계를 형성해 왔습니다.
이러한 과정을 통해 어떤 환경에서도 탁월한 적응력과 대인관계 능력을 키울 수 있었습니다.
이러한 저의 역량은 해외영업 업무 담당자로서 다양한 나라에서 여러 이해관계자들을 상대하며 그들에게 저희 OO사의 제품을 소개하고 판매하며 소중한 관계를 유지해 나가는 데 도움이 될 것이라 확신합니다.
감사합니다.

출처: 이커리어(www.ecareer.co.kr). 재구성..

Activity 12-1

■ 1분(또는 30초) 자기소개 작성하기

1분 자기소개를 작성하고 연습해 봅시다. 때에 따라 30초 자기소개를 요구받을 수 있으니 30초, 1분 자기소개를 모두 준비하는 것도 도움이 될 것입니다. 특히 자신의 지원 분야에 적합한 동기와 능력이 짧은 시간에 임팩트 있게 표현될 수 있도록 준비하도록 합니다.

- 면접 시 시간 관계상 면접관이 중간에 끊을 가능성이 있기 때문에 중요한 말은 먼저 앞 부분에 한다.
- 자기만의 개성을 강조하면서 인성, 의지, 열정 등을 어필할 수 있어야 한다.
- 자신을 가장 임팩트 있게 소개할 수 있고 면접관의 관심을 끌 수 있는 서두를 준비한다(예: 명언, 속담, 좋은 글귀, 사자성어, 캐치프레이즈 등을 시작으로 자신과 연결시켜 전개한다).
- 초반 인사말 10초, 자연스러운 자기소개 10초, 자신의 강점 세 가지 어필 30초, 마지막 어필 10초 등으로 시간을 분배한다.

⇒ 면접관의 관심을 끌 수 있는 내용으로 임팩트 있는 시작과 기억에 남는 마무리로 1분 정도에 걸쳐 일목요연하게 준비한다.

5) 면접 최종 점검

서류 전형 합격 통보를 받았다면 그 이후부터 면접 당일에 이르기까지 지원자가 꼼꼼하게 점검해야 할 구체적 사항은 다음과 같다(남미정, 2015).

(1) 서류 전형 합격 후 면접 전까지

면접을 준비하기 위해 최대한 해당 기업 정보와 사회적인 주요 이슈에 대한 자료 수집과 철저한 분석이 요구되며, 이에 근거해 면접의 예상 문제를 작성해 놓는 것이 도움이 될 것이다. 기업 정보 수집 및 분석을 위해 지원 기업의 경영 철학, 대표 상품, 인재상, 시장 점유율, 나름대로 지원 회사의 장단점 등을 중심으로 1장에서 언급했던 기업 분석 실전 전략을 활용해 보도록 한다.

(2) 면접 하루 전날

본사가 수도권에 있는 기업들이 대부분이므로 지방에 거주하는 지원자들은 하루 전날 도착하여 면접 장소를 답사하고 숙소와의 거리나 교통편을 확인하는 것이 좋다. 또한 충분히 수면을 취하고 최상의 상태에서 면접에 임할 수 있도록 한다. 면접 시 착용할 복장도 미리 정갈하게 준비하여 깨끗하고 호감 있는 모습으로 면접에 임하여야 한다.

(3) 면접 당일

면접 당일 오전에는 일찍 기상하여 조간신문이나 아침 뉴스를 통하여 오늘의 이슈가 될 만한 사항을 미리 파악해 놓는 것이 중요하다. 면접 당일 주요 뉴스가 면접 질문의 내용이 될 가능성이 크기 때문이며, 특별히 지원 회사나 관련 분야와 관련된 경제면은 반드시 확인하고 주요한 사항은 메모하는 것이 필요하다. 좋은 첫인상을 주기 위해 복장은 차분하고 깔끔한 정장을 착용하고, 여성의 경우 과도한 액세서리나 명품 브랜드를 피하며, 구두는 깨끗하게 손질하여 착용한다. 출발 전 신분증과 간단한 필기도구, 손수건 등을 지참하고 여성의 경우 여분의 스타킹을 챙기는 것이 좋다. 적어도 면접 시간 30분 전에는 면접 장소에 도착하여야 하며 출석 확인 후 안내에 따라 대기하면 된다.

[읽기 자료 12-2] 면접 시 절대로 하지 말아야 할 금기 사항

1. 지각은 절대로 하지 않는다. 30분 정도 일찍 면접 장소에 미리 도착해서 준비한다.
2. 면접장에 입장하여 면접관이 앉으라고 할 때까지 앉지 않는다. 허락도 없이 재빠르게 의자로 가서 앉으면 매너 없는 사람으로 인식될 수 있다.
3. 옷을 자꾸 매만지지 않는다. 불안하고 자신감 없는 사람으로 보일 수 있다.
4. 시선을 엉뚱한 데로 돌리거나 쓸데없이 손이나 발을 까딱거리지 않는다.
5. 질문에 응답할 때 수식어를 지나치게 사용하지 않는다.
6. 질문이 떨어지기 바쁘게 서둘러 답변하지 않는다.
7. 만약 응답 시 실수를 했다고 해서 혀를 내밀거나 머리를 긁적이지 않는다.
8. 머리카락을 만지작거리지 않는다. 정서가 불안한 사람으로 오해받을 수 있다.
9. 만약 면접장에 타인이 들어온다고 해도 절대로 일어서지 않는다.
10. 동종 업계나 경쟁회사를 비난하는 말은 하지 않는다.
11. 면접관의 책상 위에 있는 서류를 힐끔거리며 보지 않는다.
12. 면접관과 농담을 하지 않는다. 경망스러워 보이며 취업에 대한 의지가 부족한 것으로 보일 수 있다.

13. 답변을 대충 얼버무리려고 하지 않는다.
14. 질문을 받았을 때 답변이 생각나지 않는다고 먼 데를 보거나 고개를 푹 숙이고 밑을 내려다보지 않는다.
15. 자신감이 있다고 지나치게 큰 목소리로, 너무 빨리, 너무 많이 말하지 않는다.
16. 면접위원이 서류를 검토하는 동안에는 말하지 않는다.
17. 면접관을 이기려 하거나 압도하려 하지 않는다.
18. 최종 결정이 나기 전까지는 급여에 대해 언급하지 않는다.
19. 은근히 자신의 배경이나 연고를 들먹이거나 과시하지 않는다.
20. 화려한 색상의 의상을 입거나 짙은 화장을 하지 않는다. 특히 외국계 기업의 면접에서 갈색 양복과 흰 양말을 착용하는 것은 큰 결례가 될 수 있다.

출처: 장용진(2017); 워크넷(www.work.go.kr). 재구성.

[읽기 자료 12-3] 면접 순서와 유의 사항

1. 대기
- 30분 또는 한 시간 전에 미리 도착하여 준비한다.
- 불특정 연장자를 만났을 경우, 가볍게 목례를 한다.
- 미소를 띈 채 침착한 자세로 대기실에서 기다린다.
- 대기실을 잠시 떠나야 할 경우, 진행 요원에게 양해를 구한다.

2. 호명과 입실
- 문을 열고 가볍게 목례를 한다.
- 의자의 옆(또는 앞)에 가서 정중례를 한다.
  - 내가 먼저 인사를 한다.
  - 시선을 마주치면서 미소를 짓는다.
  - 상냥하게 인사말을 한다(안녕하십니까? OOO입니다).
  - 인사 시 고개를 약 45°굽히고 시선은 약 2m 앞의 지점에 둔 채 2초간 잠시 멈춘다.
  - 내려갈 때의 속도보다 천천히 허리를 든다.
  - 바로 서서 다시 면접관을 마주 보고 미소를 짓는다.
- 면접관이 앉으라고 말하면 "감사합니다."라고 한 후 착석한다.

- 불필요한 행동은 하지 않는다.
- 면접관을 응시하되 시선은 면접관의 양 눈과 코 사이에 머문다.

3. 질의응답
- 질문을 받으면 침착하게 한 번에 답변한다.
- 난처한 질문을 받았을 경우, 약 2초간 생각한 후 유연하게 답변한다.
- 유도 심문을 받았을 경우, 당황하지 말고 원래 준비한 내용대로 답변한다.
- 마지막으로 묻고 싶은 말이 있냐는 질문을 받을 경우, 반드시 한 번 더 자신의 강점을 어필한다.

4. 퇴실
- "이제 나가셔도 됩니다."라고 면접관이 말하면 자리에서 일어난다.
- 일어나 곧장 나가지 않고 공손히 인사를 한 후 자신이 앉아 있던 의자가 삐뚤어지지 않았는지 확인하고, 조금이라도 삐뚤어져 있다면 의자를 바로 해 놓고 나간다.
- 문을 닫기 직전 다시 한 번 가벼운 목례를 한 후 살짝 문을 닫는다.
- 문을 닫고 난 후 완전히 건물 밖으로 나갈 때까지 조용하고 침착한 모습을 보인다(면접관이 바깥에서 내는 소리를 들을 수 있음).

출처: 남미정(2015), p. 319. 재구성.

(4) 면접 대기실에서 유의해야 할 사항

면접 대기 중 주의해야 할 행동을 정리해 보면 다음과 같다(남미정, 2015).

먼저, 면접 대기 중 부정적 인상을 주는 행동은 졸거나 자는 행동, 껌을 씹거나 음식물을 먹는 행동, 전화나 문자메세지를 발송하거나 다른 지원자와 잡담을 하는 행동, 다리를 꼬거나 바르지 못한 자세로 앉아 있는 행동 등이다.

반면, 긍정적 인상을 주는 행동으로는 회사 홍보물을 열람하거나 회사나 면접에 대한 질문을 하는 행동, 미리 준비해 온 자료를 검토하거나 책, 신문 등을 조용히 읽는 행동, 명상을 하는 행동 등을 들 수 있다. 따라서 면접 대기 중의 행동도 면접의 일부분임을 명심하고 부정적 인상을 주지 않고 긍정적인상을 심어 주기 위한 노력이 있어야 할 것이다.

6) 모의면접 실시하기

(1) 모의면접을 위한 준비

Activity 12-2

■ 모의면접 실시하기

순서에 따라 모의면접을 실시하고 자신과 다른 사람의 면접 상황을 관찰하고 피드백을 해 주는 시간을 갖도록 합시다. 서로 피드백을 통해 강점과 약점 등을 확인하는 것은 실제 면접을 대비하는 면에서 매우 중요한 과정입니다.

- 면접 준비물: 면접장 테이블, 의자, 면접 번호표, 캠코더, 빔 프로젝터 등
- 모의면접 진행: 다대다 면접

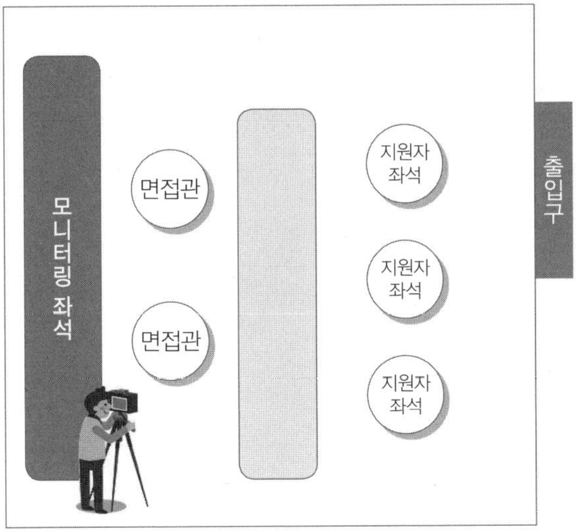

–필요 인원: 면접관 2명, 지원자 3~4명, 촬영기사 1명, 안내 1명

–모의면접 상황 촬영: 지원자가 출입구로 들어오면서부터 나갈 때까지 촬영

–한 팀당 25~30분 정도 면접
–한 팀당 3~4명의 지원자로 순서별 구성
–면접 질문: 면접관이 지원자의 희망 직무, 기업의 특성에 따라 사전 준비

➤ 모의면접 안내
–자신의 순서가 될 때까지 대기실에서 대기
–자신의 모의면접이 종료되면 모니터링 위치에서 다른 팀의 모의면접 상황 관찰

➤ 모의면접 피드백
–준비물: 면접 동영상, 빔 프로젝터 등
–피드백: 한 명당 약 3~5분 정도 시청하고 잘한 점 또는 개선점 등을 평가
진행자는 누락된 평가 내용이 있을 시 추가로 언급
모의면접 경험 후 느낀 점 나누기
모의면접 평가표 작성해 보기

Activity 12-3

■ 모의면접 평가표 작성하기

다음의 모의 면접표를 가지고 자신의 면접 준비 상태를 점검해 봅시다.

모의면접 평가표 작성해 보기

평가 항목	평가 내용	상	중	하	평가 점수
		3점	2점	1점	
외모	호감 가는 인상과 표정인가?				
	침착한 분위기를 가지고 있는가?				
	명료한 음성을 가지고 있는가?				
	말투가 간결하고 정확한가?				
	시원시원한 행동을 보이는가?				
	건강한 체력을 가지고 있는가?				

성실성/태도	진지한 태도와 긍정적인 자세를 가지고 있는가?					
	몸가짐, 동작이 침착해 보이는가?					
	청년다운 기백과 의욕을 가지고 있는가?					
	남이 싫어하는 일도 마다하지 않을 적극적인 성격을 가지고 있는가?					
	건전한 사고, 협동성, 책임감을 가지고 있는가?					
	판단력과 이해력을 적절히 가지고 있는가?					
전문성	영어 회화 실력이 적절한가?					
	전공 분야와 관련된 적절한 지식을 가지고 있는가?					
	지원 분야에 대한 적절한 자기계발 경험을 가지고 있는가?					
	지원 직무에 대한 이해도가 있는가?					
	기타 업계나 경제 동향 등에 관한 적절한 지식이 있는가?					
교양/상식	일반 상식에 대한 일가견이 있는가?					
	시사 상식이 풍부한가?					
	위트와 유머를 가지고 있는가?					
	임기응변의 능력이 있는가?					
총점		( )점				
기타 의견						

출처: 남미정(2015), p. 334. 재구성.

2. 호감 가득 이미지 창출하기

1) 이미지와 이미지메이킹의 의미

이미지란 한 사람이 가지고 있는 성격, 표정, 외모, 언어, 행동 등 총체적인 요소들의 복합체라고 할 수 있다. 따라서 성격이나 가치관 등 정신적 요소와 시각적으로 보이는 외모나 패션, 행동으로 나타나는 태도나 자세, 언어, 제스처 등의 모든 요소가 적절하게 조화를 이루어야만 개인의 사회적 이미지가 성공적으로 연출될 수 있다. 이미지메이킹은 자신을 디자인해 나가는 일련의 과정으로서, 개인이 가지고 있는 외적 이미지와 내적 이미지를 통합하여 호감을 주는 최상의 이미지를 창출한다는 의미를 가진다.

(1) 이미지의 형태와 이미지메이킹

① 정신적 이미지(Mind Image)

성품, 신념, 철학, 생각, 가치관 등으로, 개인의 성품, 신념이나 가치관 또는 기존의 습관이나 태도를 재점검하고 자신이 존재하는 의미와 삶의 목표를 명확히 규명하는 것을 말한다. 이는 개인의 이미지 통합의 첫 단계이며 외부에서 보는 이미지뿐만 아니라 자신의 본질적 가치를 재조명해 보는 것이다.

② 시각적 이미지(Visual Image)

외형적인 모습의 부분이나 전체. 신장, 체중, 패션 ,메이크업, 헤어스타일, 자세 등으로, 개인이 가진 성품, 습관, 가치관, 태도, 철학, 또는 비전을 시각적으로 나타냄으로써 개인의 이미지를 표상화하고 정신적 이미지를 통해 구성된 개인의 내면을 시각적, 외형적 요소로 표현한 것이다.

③ **행동적 이미지**(Behavior Image)

커뮤니케이션, 자세, 태도, 제스처, 매너, 에티켓 등의 행동 양식으로, 개인의 내적, 외적 이미지를 하나의 통합된 행동 양식으로 정착시키는 것이다. 정신적 이미지 진단을 거치면서 정립된 개인의 가치관을 시각적 이미지로 발전시킨 후 행동 변혁이 이루어지는 것을 의미한다.

이미지란 이 세 가지 요소가 총체적으로 유기된 복합체이다. 성격이나 가치관 등을 포함한 정신적 요소, 외형적 모습인 시각적 요소, 그리고 자세나 언어, 제스처 등의 행동적 요소들이 적절하게 조화를 이루도록 하는 것이 성공적인 이미지메이킹이라고 할 수 있다. 즉, 이미지메이킹이란 개인의 이미지를 진단하여 자신의 개성과 직업에 가장 적합한 이미지를 효과적으로 연출함으로써 자신의 가치를 높이고, 대인관계를 증진시킬 뿐만 아니라, 성공적인 자기실현과 삶의 질을 높이기 위한 자기변화의 과정을 총칭한다.

2) 성공적인 면접을 위한 이미지메이킹 전략

심리학자이자 커뮤니케이션을 연구한 알버트 메라비안(Albert Mehrabian) 교수는 인간 사이의 커뮤니케이션에서 시각적 이미지 요소, 즉 체형, 표정, 태도, 복장, 제스처 등의 외적 이미지 요인이 55%, 목소리 등 청각적 이미지 요인이 38%, 그리고 언어, 즉 말의 내용이 7%의 영향을 미친다고 하면서 의사소통에서 시청각적 요인의 중요성을 강조하였다. 따라서 성공적인 면접을 위해서는 옷차림, 제스처, 자세와 같은 시각적 요소와 목소리 등의 청각적 요소들이 적절히 조화를 이루도록 철저하게 준비할 필요가 있는 것이다.

(1) 면접의 기본 자세

① 인사 자세의 종류

인사의 종류로는 목례, 보통례, 정중례를 들 수 있는데, 면접 시에는 주로 정중례를 사용한다.

- **목례**: 고개를 15° 정도 가볍게 숙여 인사하는 방법으로, 면접실에 들어올 때 문을 닫고 간단히 인사하기 위해 사용한다.
- **보통례**: 고개를 30° 정도 숙이며 인사하는 방법으로, 목례보다는 조금 더 격식을 갖춘 인사법이다.
- **정중례**: 고개를 45° 정도 숙이며 인사하는 방법으로, 가장 정중하고 예의를 갖춘 인사법이다.

목례 보통례 정중례

남성의 경우, 주먹을 가볍게 쥔 채 양손을 외부 바지선에 대고 어깨와 머리를 함께 45° 정도로 숙인 자세로 1초간 멈춘 후 고개를 든다.

여성의 경우, 오른손으로 왼손을 감싸고 복부와 허리 사이 가장 편안한 위치에 두 손을 놓고 45° 숙이고 1초간 멈춘 후 고개를 천천히 든다. 인사할 때 먼저 면접관의 시선을 마주치며 "안녕하십니까?"라는 말과 함께 인사를 하는 것이 좋다.

② 면접 중 자세

면접관들은 면접을 본격적으로 시작하기도 전에 지원자가 걸어 들어오는 자세와 걸음걸이만으로도 그 사람의 성향과 자신감을 평가한다. 구두를 끌지 않고 미소를 띠며 자신 있고 당당한 걸음걸이로 들어가야 한다. 새 구두를 처음 신고 면접에 임할 시 어색하고 부자연스러운 걸음걸이를 보이게 되면 호감을 주지 못하므로 미리 구입해서 여러 번 신어 보고 자신 있는 워킹 자세를 연습하는 것이 필요하다. 인사 자세, 서 있는 자세, 앉은 자세, 워킹 자세 등 전반적인 자세와 표정, 제스처 등 표현 방법에 따라 자신의 가능성과 역량에 대한 전달력이 많이 달라지기 때문에 반드시 주의하여야 한다.

- **걸음걸이:** 평소보다 넓은 보폭을 유지하면서 당당한 느낌으로 걷는다. 면접실에 입장하면 두리번거리지 말고 자신 있게 걸어가 의자 앞에 서서 면접관들의 지시에 따라 착석한다.
- **앉은 자세:** 어깨와 허리를 펴고 엉덩이를 의자 깊숙이 뒤로 해서 앉고 의자 등받이에 등을 기대지 않은 채 주먹 하나가 들어갈 정도의 간격을 두고 앉는다. 턱은 약간 아래로 당기고 시선은 면접관의 인중에 둔다. 몸은 똑바로 세우고 약간 앞으로 숙인 상태를 유지하는 것이 좋다.
  남자의 경우, 가볍게 주먹을 쥔 채 다리 위에 올려놓고, 다리는 어깨 너비만큼 벌리며 의자 밑으로 살짝 넣고 면접이 끝날 때까지 자세가 흐트러지지 않도록 유지한다.
  여자의 경우, 앉은 상태에서 양쪽 다리를 모아서 비스듬히 옆으로 기울이고, 오른손을 왼손 위에 가볍게 올려놓고 양손을 치마 끝에 가볍게 올려놓는다.
- **표정 관리:** 표정은 첫인상을 결정하는 매우 중요한 요소이므로 자신감 있는 밝은 표정을 짓는 것이 중요하다. 특히 좋은 이미지의 첫 요소는 미소인데 생기 넘치는 표정으로 웃는 얼굴을 유지해야 한다. 면접에 들어가

기 전 안면 근육 운동을 통해 부드럽고 자연스러우며 밝은 미소를 유지하는 것이 중요하다.

- 제스처: 제스처를 적절히 사용하여 대화하면 딱딱하게 고정된 자세로 말하는 것보다 훨씬 적극적으로 보일 수 있다. 그러나 지나친 제스처는 산만하게 보일 수 있으므로 적절히 사용하도록 주의해야 한다. 특히 불필요한 행동을 하지 않도록 조심하는 것이 중요하다. 입을 가리거나 혀를 내미는 행동, 얼굴을 만지거나 발이나 다리를 까딱거리는 행동, 손가락을 펴서 만지작거리는 행동이나 한숨을 쉬는 등의 행동은 반드시 주의해야 할 제스처들이다.
- 시선, 머리, 턱: 표정만큼 중요한 것은 시선으로, 허공이나 바닥에 시선을 고정시키거나 면접관 중 한 사람에게만 시선을 주는 일이 없도록 골고루 시선을 교환할 수 있도록 주의해야 한다. 면접관을 응시할 때는 얼굴의 한 곳을 보는 것이 아니라 얼굴 전체를 보아야 시선이 자연스럽다. 멀리 있는 면접관을 바라볼 경우, 얼굴이나 눈동자만 돌리지 말고 몸 전체를 돌려 면접관을 향하도록 하는 것이 좋다. 질문의 답을 생각할 때 무의식적으로 눈을 치켜뜨거나 바닥을 내려다보는 것도 이미지에 부정적 영향을 미치므로 유의해야 한다. 머리는 신체의 중심으로 기울어지지 않도록 한다. 턱은 너무 들거나 너무 숙이지 않도록 한다.

(2) 면접을 위한 이미지 연출법

① 여성을 위한 이미지 연출

- 복장
  - 컬러: 세련되고 차분한 이미지를 위해서는 짙은 회색이나 검정색, 신뢰감을 주기 위해서는 베이지색이나 브라운 톤으로 매치한다.
  - 라인: 심플한 라인의 정장을 선택한다. A라인이나 플레어스커트보다

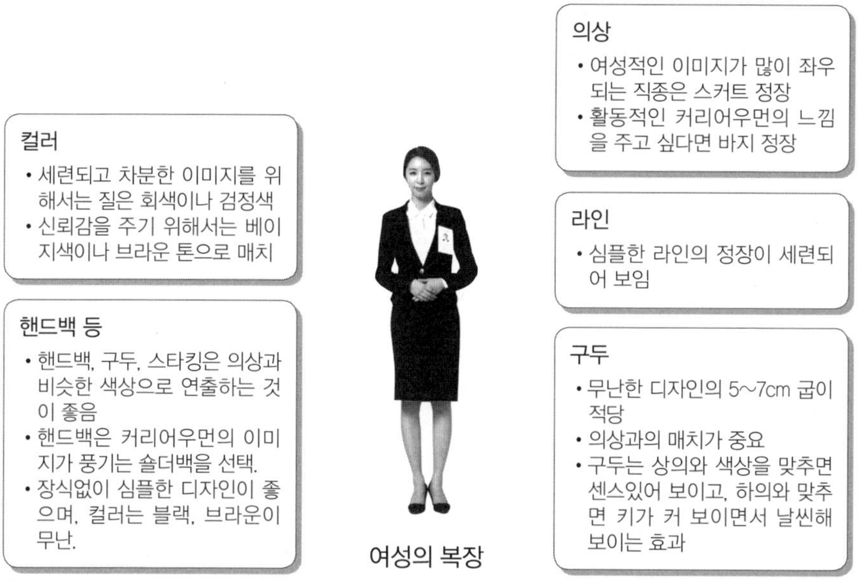

여성의 복장

출처: 남미정(2015), p. 311 참조.

는 H라인 스커트가 적합하다.

– 정장: 여성적인 이미지가 많이 좌우되는 직종은 스커트 정장, 활동적인 전문직 여성의 느낌을 주고 싶다면 바지 정장이 적당하다.

– 구두: 무난한 디자인을 선택한다. 5~7cm의 굽이 적당하며 발가락이 보이지 않는 기본 펌프스가 좋다.

– 핸드백: 정장과 어울리는 색과 무늬를 선택한다. 장식이 많지 않고 심플한 디자인이 좋다. 컬러는 블랙이나 브라운이 무난하다.

– 구두, 스타킹: 의상과 비슷한 색상을 연출한다. 여름에는 살색, 겨울에는 커피색이나 검정이 무난하다.

– 지나친 액세서리나 과도한 매니큐어, 진한 향수 등은 좋은 인상을 주기 어려우니 삼간다.

• 헤어스타일

- 지적이면서 깔끔한 이미지의 헤어스타일을 연출한다.
- 귀와 이마가 보이도록 머리는 뒤로 묶거나 귀 뒤로 머리를 넘겨 핀으로 고정한다.
- 길고 풍성한 웨이브 머리나 긴 생머리는 면접에 적합하지 않다.
- 전체적으로 청결하며 과도한 염색, 파마, 유행 헤어스타일은 피하는 것이 좋다.
- 화려한 컬러나 모양의 머리핀은 피한다.

• 메이크업

- 자연스럽고 밝은 이미지를 표현하며 자신의 분위기와 맞는 메이크업을 선택한다.
- 눈썹은 모발 색상이나 눈동자 색과 동일 계열 색상으로 자연스럽게 그린다.
- 아이섀도는 오렌지, 핑크 계열, 또는 베이지나 갈색 톤의 색상을 선택한다.
- 아이라인은 검정 펜슬이나 액상 아이라이너로 얇고 자연스럽게 그리고 또렷한 인상을 주도록 한다.
- 눈 밑이 칙칙하면 인상이 어둡고 피곤해 보이므로 다크서클을 반드시 커버한다.
- 립스틱은 중간 색상을 선택한다.
- 볼터치는 은은하게 사용하여 혈색을 생기 있게 한다.
- 과도한 화장 또는 반대로 맨 얼굴은 면접에 적합하지 않다.

② 남성을 위한 이미지 연출

- 복장
  - 정장 컬러: 검정, 감청색, 회색 계열로 어두운 색상이 좋으며 무난하고 깔끔한 이미지를 연출한다.
  - 정장 소재: 무광택이 좋다.
  - 셔츠: 흰색, 아이보리, 연하늘색 등의 밝은 색상을 선택한다. 소매는 양복 소매 끝보다 1~1.5cm 정도 길게 나오게 한다. 날씨가 덥더라도 긴소매 셔츠를 입는 것이 정석이다.
  - 넥타이: 무늬는 정장과 어울리는 스트라이프, 솔리드(단색), 물방울 무늬가 적당하다. 넥타이 폭은 너무 좁은 것은 피한다. 검정색이나 너무 반짝이는 넥타이는 주의한다. 허리띠보다 약간 길게 맨다. 회사 로고색과 동일한 색상의 넥타이를 매는 것도 센스 있는 방법이다.
  - 구두: 정장 색상과 어울리는 색깔로 발등을 덮는 정장 구두를 착용한다. 기본형 옥스퍼드화가 좋다. 청결 상태가 가장 중요하다.

넥타이
- 정장과 어울리는 색과 무늬 선택
- 가급적 매일 갈아 매기
- 허리띠나 그보다 약간 길게 매기

셔츠
- 흰색이 기본
- 소매는 양복 끝보다 1~1.5cm 정도 긴 것으로 선택
- 바지 속에 넣어 입기

구두
- 구두의 청결상태 등은 비즈니스 매너에서 매우 중요한 부분임
- 흑색, 갈색이 무난
- 양복 색깔과 조화

남성의 복장

suit
상의, 조끼, 바지
- 흑색, 감색, 짙은 회색이 무난
- 상의 단추는 전부 채우는 것이 정식 복장
- 위아래 색과 질감이 같은 것이 한벌 정장

양말
- 일반적인 정장에는 흑, 청, 회색이 무난
- 밤색이나 카키 정장에는 밤색 양말 착용
- 하복정장에는 옅은 색 양말

출처: 남미정(2015), p. 311 참조.

– 양말: 정장 바지와 동일 색상이거나 바지 톤보다 진한 색을 신는다. 하복 정장에는 옅은 색을 신는다.
– 시계: 너무 화려하거나 무겁지 않은 깔끔한 시계를 착용한다.
– 가방: 면접 시 빈손으로 가지 않는다. 이력서, 회사 관련 서류, 다이어리 등을 넣은 서류가 방을 지참하는 것이 준비성이 있어 보인다.

• 헤어스타일
– 깔끔하고 단정한 느낌으로 이마가 드러나도록 약간 짧은 자연스러운 스타일을 선택한다.
– 젤이나 왁스로 단정하게 연출한다. 구레나룻을 깔끔하게 정리한다.
– 컬러는 짙은 갈색이 세련되고 부드러운 이미지를 준다.

③ 업종에 맞는 복장

업종에 따라 선호하는 의상이 다르니 다양한 업종별로 미리 복장과 스타일을 파악해 보는 것이 도움이 될 것이다. 업종별 선호 의상을 정리하면 다음과 같다(한국고용정보원, 2014).

• 대기업, 공사: 단정한 스타일, 진한 청색/회색 계열 정장, 무난한 검정색 구두
• 금융업계: 예의 바른 인상을 선호, 민무늬의 청색/회색 정장, 튀는 목걸이나 귀걸이는 피함
• 광고디자인: 개성 있는 스타일 선호, 유행하는 정장과 셔츠, 활동성 강조
• 외국계 기업: 밝고 부드러운 느낌 선호, 청색 줄무늬 정장, 푸른색 셔츠와 짙은 색 넥타이로 마무리
• 영업직: 신뢰감 주는 스타일 선호, 남색 정장에 푸른색 셔츠, 끈 없는 구두로 멋 내기

Activity 12-4

■ 나의 면접 이미지 분석하기

나의 이미지를 점검해 봅시다. 이미지를 형성하는 각 요소를 점검하고 체크 리스트를 활용하여 나의 모습을 평가해 보는 것은 실제 면접에 대비하기 위한 중요한 부분입니다.

항목	내용	확인
표정	미소를 담은 밝은 표정과 자신감 있는 표정을 유지한다.	
	시선을 자연스럽게 면접관의 미간이나 이마 쪽을 본다.	
	면접관이 다수일 경우 질문을 한 면접관을 주로 보되, 다른 면접관에게도 시선을 둔다.	
인사	밝은 목소리로 명랑하게 인사를 한다.	
	인사는 세련되고 절도 있게 한다.	
	바른 자세로 인사한다.	
	처음과 마지막 인사를 분명하게 한다.	
자세	등과 가슴을 곧게 편 자세로 서 있는다.	
	의자와 등 사이는 주먹 하나 정도의 간격을 두고 엉덩이는 깊숙이 앉는다.	
	턱은 당기고 시선은 정면, 상대의 눈을 본다.	
	걸음걸이는 당당하게 한다.	
용모	신뢰감을 주는 헤어스타일을 한다.	
	면접에 적합한 옷차림을 한다.	
	정장과 구두는 조화롭게 선택한다.	
	메이크업은 자연스럽고 부드러우며 건강한 이미지로 표현한다.	
대화	존댓말을 바르게 사용한다.	
	상대방에게 맞는 호칭을 사용한다.	
	정확한 발음, 밝은 목소리, 적당한 속도로 대화한다.	
	습관적으로 나오는 말이나 단어를 사용하지 않는다.	
	면접관이나 다른 면접관의 이야기를 잘 경청한다.	

출처: 김순향(2017), p. 179; 김인기, 이향정(2016), p. 129. 재구성.

3) 효과적인 면접 스피치 전략

(1) 목소리의 중요성

목소리는 면접 시 지원자의 이미지를 좌우하는 중요한 요소이며 더 나아가 의미 전달에도 큰 영향을 미친다. 앞서 언급한 바와 같이 커뮤니케이션에서 청각적 요소가 38%를 차지한다는 점을 감안할 때 면접에서 음성은 매우 중요하므로 면접에 임하기 전 목의 상태를 반드시 확인하여야 한다. 너무 빠른 말투나 자신감 없이 기어들어가는 목소리, 갈라진 목소리나 코맹맹이 소리 등은 면접관들에게 호감을 주기 어렵다. 절대 높은 톤으로 빠르게 말하지 말고 차분하고 분명하게 말하는 연습을 하는 것이 필요하다. 평소에 사투리가 심하거나 발음이 부정확하다면 꾸준한 연습을 통해 교정하는 것이 좋다.

자신의 목소리를 녹음하여 들어 보는 것은 매우 좋은 방법으로 이 방법을 통해 자신의 목소리를 평가할 수 있어 훈련에 용이하다. '솔' 음으로 보통 속도보다 약간 빠르게 말하면 경쾌하고 적극적인 느낌을 표현할 수 있다. 될 수 있는 대로 입을 크게 벌리고 큰 소리로 책을 읽는 연습을 한다. 조음 기관인 혀, 입술, 턱의 운동을 주기적으로 실시하는 것도 도움이 된다.

(2) 스피치 향상 훈련법

① 자신이 아나운서라고 생각하고 신문 기사나 사설을 소리 내어 크게 읽는 훈련을 한다. 이런 방식으로 반복적인 연습을 하면 일반적으로 말할 때와는 또 다른 호흡법이 필요함을 깨닫게 되고 실제 스피치 능력이 향상되는 효과를 볼 수 있다.

② 소리 내어 읽는 것에 익숙해졌다면 자신의 목소리를 녹음해서 들어 보는 것이 필요하다. 녹음된 자신의 목소리를 들으면 발음에 더 주의하게 되고 잘못된 언어 습관도 파악하게 되면서 자연스럽게 교정의 효과를 볼 수 있다.

③ 녹음해 놓은 자신의 목소리를 들으면서 자신의 말하는 습관 중에 장점은 살리고 단점은 교정하도록 노력한다. 말하는 속도와 강약의 톤을 조절하고 발음을 교정하여 말을 할 때 분위기를 개선하는 노력을 기울여야 한다.

(3) 면접 시 중요한 화법

① 하고자 하는 이야기는 키워드를 중심으로 기억해서 면접 시 주요한 뼈대를 중심으로 살을 붙여 가며 답변을 하도록 한다.

② 질문에 대해 답변을 할 때 두괄식 화법을 사용한다. 즉, 결론부터 정확하게 말하고 이후 부연 설명이나 근거를 제시하는 것이 좋다.

③ 자신감을 가지고 패기와 열정을 전달해야 한다. 그러기 위해서는 평소에 모의면접을 통해 자신감을 키우는 노력이 중요하다.

④ 각 회사의 기출문제를 중심으로 답변을 철저하게 준비한다.

⑤ 여유를 가지고 간단명료하게 분명하고 차분한 어조로 말한다.

⑥ 만약 질문을 파악하지 못했을 경우, "죄송합니다만 질문을 이해하지 못했습니다. 다시 한번 말씀해 주시겠습니까?"라고 공손하게 질문을 재확인한 후 정확하게 답변하도록 한다.

⑦ 반말, 속어, 은어, 줄임말 등은 절대로 사용하지 않는다.

⑧ 난처한 질문을 받았을 경우, 재치 있게 넘기거나 "지적해 주셔서 감사합니다." 등의 말로 감사를 표명하는 것이 좋다.

⑨ 마지막으로 하고 싶은 말이 있냐는 질문을 받는다면, 연봉이나 복리 후생에 대한 질문은 되도록 삼가는 것이 좋다.

Activity 12-5

■ 스피치 연습하기

면접 시 효과적인 대화법을 사용하기 위해서는 평소 꾸준한 연습이 필요합니다. 앞서 스피치 향상 능력과 면접 시 중요한 화법을 기억하며 자신의 지원 분야와 관련된 신문 기사나 사설을 가져와서 다른 사람들 앞에서 크게 읽으며 스피치 연습을 해 보도록 합시다.

부록

〈부록 1〉 직무 기술서

□ 직무 기본 정보

직무	사회복지면담	능력단위분류번호	0701020301_14v2
		능력단위	사회복지면담 초기면접
직무 목적	클라이언트의 욕구를 파악하고 문제를 해결하기 위해 클라이언트의 참여를 유도하고 서로의 상호성을 높일 수 있다.		
개발 날짜	2014. 10.	개발 기관	한국사회복지사협회

□ 직무 책임 및 역할

주요 업무	책임 및 역할
면담 접수하기	• 면담을 위해 찾아온 클라이언트가 안정된 분위기에서 면담을 시작할 수 있도록 안내할 수 있다. • 클라이언트가 면담 신청서를 작성하도록 도울 수 있다. • 클라이언트가 면담 신청서를 충실히 작성하였는지 확인할 수 있다.
클라이언트의 특성 파악하기	• 면담자는 클라이언트의 개별적, 문화적, 가족적, 사회적 특성을 조사할 수 있다. • 면담 중 클라이언트가 사용하는 언어적 · 비언어적 표현을 해석할 수 있다. • 클라이언트의 주 호소 욕구와 문제를 도출할 수 있다. • 클라이언트의 유형별 특성에 근거하여 적합한 면담의 유형을 선택할 수 있다.
면담 구조화하기	• 클라이언트의 욕구와 문제에 기반하여 면담에 대한 목표를 합의할 수 있다. • 클라이언트와 구체적인 면담 여건을 설정할 수 있다. • 면담 과정에서 클라이언트와 사회복지사의 관계를 구조화할 수 있다. • 클라이언트와 면담 진행에 대하여 계약서를 작성할 수 있다.

□ 직무 수행 요건

구분	상세 내용	
학습 경험	• 2 · 4년제 대학교, 대학원, 학점은행제	(전공: 사회복지 관련 학과)
	• 보건복지인력양성과정	(분야: 사회복지)
자격증	사회복지사	
지식 · 기술	【지식】 • 개인정보보호법 • 계약서 작성법 • 매슬로의 욕구체계 이론 • 면담 신청서 작성법 • 면담의 유형 • 생애주기별 과업 • 생태체계 이론 • 소속 기관의 서비스 체계 • 인간발달 단계별 특성 • 클라이언트 유형별 특성	【기술】 • ice-breaking • 가계도 및 생태도 작성 기술 • 계약 기술 • 목표 합의 기술 • 비언어적 표현에 대한 해석 능력 • 요약과 명료화 • 정보 수집 능력 • 협상 기술 • 효과적인 질문 기술
사전 직무 경험	–	
직무 숙련 기간	2년	

〈부록 2〉 자가진단도구

0701020301_14v2	사회복지면담 초기면접

진단 영역	진단 문항	매우 미흡	미흡	보통	우수	매우 우수
면담 접수하기	1. 나는 면담을 위해 찾아온 클라이언트가 안정된 분위기에서 면담을 시작할 수 있도록 안내할 수 있다.	①	②	③	④	⑤
	2. 나는 클라이언트가 면담 신청서를 작성하도록 도울 수 있다.	①	②	③	④	⑤
	3. 나는 클라이언트가 면담 신청서를 충실히 작성하였는지 확인할 수 있다.	①	②	③	④	⑤
클라이언트의 특성 파악하기	1. 나는 면담자는 클라이언트의 개별적 · 문화적 · 가족적 · 사회적 특성을 조사할 수 있다.	①	②	③	④	⑤
	2. 나는 면담 중 클라이언트가 사용하는 언어적 · 비언어적 표현을 해석할 수 있다.	①	②	③	④	⑤
	3. 나는 클라이언트의 주 호소 욕구와 문제를 도출할 수 있다.	①	②	③	④	⑤
	4. 나는 클라이언트의 유형별 특성에 근거하여 적합한 면담의 유형을 선택할 수 있다.	①	②	③	④	⑤
면담 구조화하기	1. 나는 클라이언트의 욕구와 문제에 기반하여, 면담에 대한 목표를 합의할 수 있다.	①	②	③	④	⑤
	2. 나는 클라이언트와 구체적인 면담 여건을 설정할 수 있다.	①	②	③	④	⑤
	3. 나는 면담 과정에서 클라이언트와 사회복지사의 관계를 구조화할 수 있다.	①	②	③	④	⑤
	4. 나는 클라이언트와 면담 진행에 대하여 계약서를 작성할 수 있다.	①	②	③	④	⑤

▲ 진단 결과

진단 영역	문항 수	점수	점수 ÷ 문항 수
면담 접수하기	3		
클라이언트의 특성 파악하기	4		
면담 구조화하기	4		
합계	11		

☞ 자신의 점수를 문항 수로 나눈 값이 '3점' 이하에 해당하는 영역은 업무를 성공적으로 수행하는 데 요구되는 능력이 부족한 것으로 교육 훈련이나 개인 학습을 통한 개발이 필요함.

〈부록 3〉 체크 리스트

복지면담 실무자

- 목적: □채용 □배치 □승진
- 이름:
- 직위:
- 성별:
- 특이사항:

▲ 직업 기초 능력

평가 영역	평가 문항	매우 미흡	미흡	보통	우수	매우 우수
의사소통 능력	직장 생활에서 필요한 문서를 확인하고, 읽고, 내용을 이해하여 업무 수행에 필요한 요점을 파악하는 능력을 기를 수 있다.	①	②	③	④	⑤
	직장 생활에서 목적과 상황에 적합한 아이디어와 정보를 전달할 수 있는 문서를 작성할 수 있다.	①	②	③	④	⑤
	다른 사람의 말을 주의 깊게 듣고 적절하게 반응할 수 있다.	①	②	③	④	⑤
	목적과 상황에 맞는 말과 비언어적 행동을 통해 아이디어와 정보를 찾고, 이를 효과적으로 전달할 수 있다.	①	②	③	④	⑤
문제 해결 능력	직장 생활에서 발생한 문제를 해결하기 위해서 창의적, 논리적, 비판적으로 생각할 수 있다.	①	②	③	④	⑤
	직장 생활에서 발생한 문제를 올바르게 인식하고 적절한 해결책을 적용하여 해결할 수 있다.	①	②	③	④	⑤
자기개발 능력	직장 생활에서 다양한 방법으로 자신의 장단점, 흥미, 적성 등을 분석하여 자신의 가치를 설명할 수 있다.	①	②	③	④	⑤
	직장 생활에서 직업인으로서 자신의 역할과 목표를 정립하고, 이를 위하여 자신의 행동과 업무 수행을 관리하고 통제할 수 있다.	①	②	③	④	⑤
	직업인으로서 자신의 경력 단계를 이해하고 이에 적절한 경력 개발 계획을 수립할 수 있다.	①	②	③	④	⑤

자원관리 능력	직장 생활에서 필요한 시간을 확인하고, 확보하여 업무 수행에 이를 할당할 수 있다.	①	②	③	④	⑤
	직장 생활에서 필요한 예산을 확인하고, 확보하여 업무 수행에 이를 할당하는 능력을 기를 수 있다.	①	②	③	④	⑤
	직장 생활에서 필요한 물적 자원을 확인하고, 확보하여 업무 수행에 이를 할당할 수 있다.	①	②	③	④	⑤
	직장 생활에서 필요한 인적 자원을 확인하고, 확보하여 업무 수행에 이를 할당하는 능력을 기를 수 있다.	①	②	③	④	⑤
대인관계 능력	직장 생활에서 다른 구성원들과 목표를 공유하고 원만한 관계를 유지하며, 자신의 역할을 이해하고 책임감 있게 업무를 수행할 수 있다.	①	②	③	④	⑤
	직장 생활 중 조직구성원들의 업무향상에 도움을 주며 동기화시킬 수 있고, 조직의 목표 및 비전을 제시할 수 있다.	①	②	③	④	⑤
	직장 생활에서 조직구성원 사이에 갈등이 발생하였을 경우 이를 원만히 조절할 수 있다.	①	②	③	④	⑤
	직장 생활에서 협상 가능한 목표를 세우고 상황에 맞는 협상 전략을 선택하여 다른 사람과 협상하는 능력을 기를 수 있다.	①	②	③	④	⑤
	고객서비스에 대한 이해를 바탕으로 실제 현장에서 다양한 고객에 대처할 수 있으며, 고객만족을 이끌어낼 수 있는 능력을 기를 수 있다.	①	②	③	④	⑤
정보 능력	직장 생활에서 컴퓨터 관련 이론을 이해하여 업무 수행을 위해 인터넷과 소프트웨어를 활용할 수 있다.	①	②	③	④	⑤
	직장 생활에서 필요한 정보를 찾아내고, 업무 수행에 적합하게 조직 · 관리하여 활용할 수 있다.	①	②	③	④	⑤
기술 능력	기본적인 직장 생활에 필요한 기술의 원리 및 절차를 이해하는 능력을 기를 수 있다.	①	②	③	④	⑤
	기본적인 직장 생활에 필요한 기술을 선택할 수 있다.	①	②	③	④	⑤
	기본적인 직장 생활에 필요한 기술을 실제로 적용하고 결과를 확인할 수 있다.	①	②	③	④	⑤

직업윤리	직업윤리를 실천하기 위하여 근면하고 정직하며 성실하게 업무에 임하는 자세를 배양할 수 있다.	①	②	③	④	⑤
	직업윤리를 실천하기 위하여 봉사하며, 책임감 있고, 규칙을 준수하고, 예의 바른 태도로 업무에 임하는 자세를 배양할 수 있다.	①	②	③	④	⑤

▲ 직무 수행 능력

평가 영역		평가 문항	매우 미흡	미흡	보통	우수	매우 우수
사회복지 면담 초기면접	면담 접수하기	클라이언트가 면담 신청서를 작성하도록 도울 수 있다.	①	②	③	④	⑤
		클라이언트가 면담 신청서를 충실히 작성하였는지 확인할 수 있다.	①	②	③	④	⑤
		면담을 위해 찾아온 클라이언트가 안정된 분위기에서 면담을 시작할 수 있도록 안내할 수 있다.	①	②	③	④	⑤
	클라이언트 특성 파악하기	면담 중 클라이언트가 사용하는 언어적 · 비언어적 표현을 해석할 수 있다.	①	②	③	④	⑤
		면담자는 클라이언트의 개별적 · 문화적 · 가족적 · 사회적 특성을 조사할 수 있다.	①	②	③	④	⑤
		클라이언트의 주 호소 욕구와 문제를 도출할 수 있다.	①	②	③	④	⑤
		클라이언트의 유형별 특성에 근거하여 적합한 면담의 유형을 선택할 수 있다.	①	②	③	④	⑤
	면담 구조화하기	클라이언트의 욕구와 문제에 기반하여, 면담에 대한 목표를 합의할 수 있다.	①	②	③	④	⑤
		클라이언트와 구체적인 면담 여건을 설정할 수 있다.	①	②	③	④	⑤
		면담 과정에서 클라이언트와 사회복지사의 관계를 구조화할 수 있다.	①	②	③	④	⑤
		클라이언트와 면담 진행에 대하여 계약서를 작성할 수 있다.	①	②	③	④	⑤

사회복지 면담 사정	클라이언트 개인정보 수집하기	클라이언트의 사회경제적 상황을 조사할 수 있다.	①	②	③	④	⑤
		클라이언트의 개인력을 조사할 수 있다.	①	②	③	④	⑤
		클라이언트가 말하는 문제 및 욕구를 조사할 수 있다.	①	②	③	④	⑤
		클라이언트의 공식적 · 비공식적 자원을 조사할 수 있다.	①	②	③	④	⑤
	클라이언트 환경정보 수집하기	외부 환경에서 수집된 정보를 통하여 클라이언트가 가진 강점과 긍정적인 외부 자원을 목록화할 수 있다.	①	②	③	④	⑤
		클라이언트의 주변에 대한 관찰, 문서 검토, 주변 인물 탐색을 통해 클라이언트의 외부 환경에 대한 정보를 수집할 수 있다.	①	②	③	④	⑤
		클라이언트의 가족력을 조사할 수 있다.	①	②	③	④	⑤
	자료 분석하기	클라이언트가 제시한 문제와 사회복지사의 임상적 견해를 통해 합의된 문제를 목록화할 수 있다.	①	②	③	④	⑤
		클라이언트의 주 호소 문제를 구체화하여 요약할 수 있다.	①	②	③	④	⑤
		사회복지사의 능력에서 개입 가능한지, 속한 기관에서 개입하기 적합한 사례인지 분류할 수 있다.	①	②	③	④	⑤
		수집된 정보를 통해 문제 해결의 우선순위를 정할 수 있다.	①	②	③	④	⑤
	면담 계획 수립하기	사정에 근거하여 클라이언트와 사회복지사가 합의하여 면담 범위를 설정할 수 있다.	①	②	③	④	⑤
		달성 가능하고 측정 가능한 목표를 설정할 수 있다.	①	②	③	④	⑤
		사회복지사의 지식과 기술에 상응하고 기관의 기능과 일치된 목표를 설정할 수 있다.	①	②	③	④	⑤
		합의된 목표에 따라 면담방법을 결정할 수 있다.	①	②	③	④	⑤

개인상담	개인 내적 변화를 위한 개입하기	개인상담을 통하여 클라이언트의 정서적 고통을 완화시킬 수 있다.	①	②	③	④	⑤
		개인상담을 통하여 클라이언트의 인지를 기능적으로 변화시킬 수 있다.	①	②	③	④	⑤
		개인상담을 통하여 클라이언트의 역기능적 행동을 수정하고 새로운 행동을 실행하도록 지원할 수 있다.	①	②	③	④	⑤
	대인관계 변화를 위한 개입하기	개인상담을 통하여 클라이언트의 문제 해결 능력을 향상시킬 수 있다.	①	②	③	④	⑤
		개인상담을 통하여 클라이언트의 사회 기술을 향상시킬 수 있다.	①	②	③	④	⑤
		개인상담을 통하여 클라이언트의 자기주장 능력을 향상시킬 수 있다.	①	②	③	④	⑤
		개인상담을 통하여 클라이언트의 스트레스 관리 기술을 향상시킬 수 있다.	①	②	③	④	⑤
	개인–환경 변화를 위한 개입하기	자원연계와 개인상담을 통하여 클라이언트의 자기 옹호 능력을 향상시킬 수 있다.	①	②	③	④	⑤
		외부 자원 분석 내용을 바탕으로 클라이언트의 문제 해결을 위한지지 체계를 구축할 수 있다.	①	②	③	④	⑤
		클라이언트지지 체계를 통하여 필요한 자원을 연계할 수 있다.	①	②	③	④	⑤
집단상담	집단 운영 계획하기	집단 구성원의 욕구에 맞는 집단 목표를 수립할 수 있다.	①	②	③	④	⑤
		집단 구성원의 욕구 및 문제를 파악할 수 있다.	①	②	③	④	⑤
		집단의 특성에 맞는 구성원을 선정할 수 있다.	①	②	③	④	⑤
		집단 목표 달성을 위한 집단 운영 계획서를 작성할 수 있다.	①	②	③	④	⑤
	집단 사전 준비하기	집단상담의 운영에 적합한 환경을 조성할 수 있다.	①	②	③	④	⑤
		집단상담에 대한 사전 동의를 받을 수 있다.	①	②	③	④	⑤
		개별 면담을 통해 집단 참여의 적합성을 결정할 수 있다.	①	②	③	④	⑤

	집단상담 진행하기	상담 과정에서 발생하는 집단 내 역동을 분석할 수 있다.	①	②	③	④	⑤
		집단 발달 단계에 따라 집단을 운영할 수 있다.	①	②	③	④	⑤
		개인의 목표와 집단의 목표 달성 과정을 모니터링 할 수 있다.	①	②	③	④	⑤
사회복지 면담 종결	면담 결과 평가하기	분석한 면담 결과를 바탕으로 개입(적용 모델, 개입 기술)의 효과성을 평가할 수 있다.	①	②	③	④	⑤
		면담에 따른 클라이언트의 변화 정도를 질적 · 양적으로 분석하여 목표 달성도를 파악할 수 있다.	①	②	③	④	⑤
		면담에 대한 클라이언트의 주관적인 만족도를 조사할 수 있다.	①	②	③	④	⑤
	면담 목표 재설정하기	평가 결과를 통해 목표 달성이 미흡한 부분을 조사할 수 있다.	①	②	③	④	⑤
		평가 결과에 따라 기존에 설정한 목표를 재조정 또는 보완할 수 있다.	①	②	③	④	⑤
		평가 결과 및 클라이언트의 자발적 요구에 따라 목표를 추가할 수 있다.	①	②	③	④	⑤
	대처 능력 강화하기	문제 상황 재발 시 변화된 대처 능력을 바탕으로 어떻게 대처할지에 대해서 계획할 수 있다.	①	②	③	④	⑤
		문제 상황 재발 시 활용할 수 있는 주변 자원과 방해 요인에 대해서 파악할 수 있다.	①	②	③	④	⑤
		문제 상황에 대한 방해요인을 파악하여 적절하게 대처하는 연습을 할 수 있다.	①	②	③	④	⑤
		전문적 도움이 필요할 때 클라이언트의 면담 재요청이 가능함을 알려줄 수 있다.	①	②	③	④	⑤
	사례 의뢰하기	기관의 서비스 제공이 불가할 때, 도움을 받을 수 있는 타 전문기관과 전문가를 제안할 수 있다.	①	②	③	④	⑤
		클라이언트의 동의에 따라 타 기관의 담당자에게 직접 연계해 줄 수 있다.	①	②	③	④	⑤

		클라이언트에게 타 기관과 관련된 상세한 정보(서비스 내용, 위치, 연락처, 절차 등)를 제공할 수 있다.	①	②	③	④	⑤
		타 기관 의뢰 시 발생할 수 있는 클라이언트의 부정적 감정(거부감, 실패감)을 다룰 수 있다.	①	②	③	④	⑤
	사후 관리 하기	클라이언트와의 합의를 통해 사후 관리를 계획할 수 있다.	①	②	③	④	⑤
		사후에 전문적인 (재)개입의 필요성을 판단할 수 있다.	①	②	③	④	⑤
		사후 관리 계획에 따라 클라이언트의 다양한 주변 체계(친척, 이웃, 교사, 목사 등)를 활용하여 모니터링할 수 있다.	①	②	③	④	⑤
		사후 관리 계획에 따라 클라이언트와 정기적 연락을 통해 변화된 대처 능력, 환경 상태가 유지되고 있는지 확인함으로써 개입 효과의 지속성을 평가할 수 있다.	①	②	③	④	⑤
		자조모임 결성을 원하는 경우 기관의 도움과 한계에 관한 정보를 제공할 수 있다.	①	②	③	④	⑤

▲ 평가 결과

영역	점수
직업 기초 능력	영역별 점수 합산
직무 수행 능력	영역별 점수 합산
합계	점수 합계

〈부록 4〉 훈련 기준

□ 과정/과목명: 0701020301_14v2 사회복지면담 초기면접

▲ 훈련 개요

훈련 목표	클라이언트의 욕구를 파악하고 문제를 해결하기 위해 클라이언트의 참여를 유도하고 서로의 상호성을 높이는 능력을 함량		
수준	4	훈련 가능 시설	강의실
최소 훈련 시간	8시간	권장 훈련 방법	집체훈련

▲ 편성 내용

단원명 (능력단위 요소명)	훈련 내용(수행 준거)	평가 시 고려 사항
면담 접수하기	1.1 면담을 위해 찾아온 클라이언트가 안정된 분위기에서 면담을 시작할 수 있도록 안내할 수 있다. 1.2 클라이언트가 면담 신청서를 작성하도록 도울 수 있다. 1.3 클라이언트가 면담 신청서를 충실히 작성하였는지 확인할 수 있다.	평가자는 다음의 사항을 평가해야 한다. • 클라이언트의 개별적 특성을 고려한 상담(장애유무, 연령, 성별, 문화 등) • 초기면접시 기록 내용 • 상담일지 기록 내용 • 클라이언트의 주 호소 욕구(문제)
클라이언트 특성 파악하기	2.1 면담자는 클라이언트의 개별적 · 문화적 · 가족적 · 사회적 특성을 조사할 수 있다. 2.2 면담 중 클라이언트가 사용하는 언어적 · 비언어적 표현을 해석할 수 있다. 2.3 클라이언트의 주 호소 욕구와 문제를 도출할 수 있다. 2.4 클라이언트의 유형별 특성에 근거하여 적합한 면담의 유형을 선택할 수 있다.	
면담 구조화하기	3.1 클라이언트의 욕구와 문제에 기반하여, 면담에 대한 목표를 합의할 수 있다. 3.2 클라이언트와 구체적인 면담 여건을 설정할 수 있다.	

	3.3 면담 과정에서 클라이언트와 사회복지사의 관계를 구조화할 수 있다. 3.4 클라이언트와 면담 진행에 대하여 계약서를 작성할 수 있다.	

▲ 지식 · 기술 · 태도

구분	주요 내용		
지식	• 개인정보보호법 • 면담 신청서 작성법 • 생태체계 이론 • 클라이언트 유형별 특성	• 계약서 작성법 • 면담의 유형 • 소속 기관의 서비스 체계	• 매슬로의 욕구체계 이론 • 생애주기별 과업 • 인간발달 단계별 특성
기술	• ice-breaking • 목표 합의 기술 • 정보 수집 능력	• 가계도 및 생태도 작성 기술 • 비언어적 표현에 대한 해석 능력 • 협상 기술	• 계약 기술 • 요약과 명료화 • 효과적인 질문 기술
태도	• 개별화하기 • 문화적 차이 존중 • 수용적 태도 • 클라이언트에 대한 존중 • 현실을 직시하는 태도	• 공감적 태도 • 비밀 보장 • 정확성 준수 • 클라이언트를 따뜻하게 맞이하는 자세 • 협력적 태도	• 공정한 태도 • 비심판적 태도 • 친절한 태도

▲ 장비

장비명	단위	활용 구분(공용/전용)	한 대당 활용 인원
• 상담실	실	공용	–
• 컴퓨터	대	공용	1
• 프린터	대	공용	–

※ 장비는 주 장비만 제시한 것으로 그 외의 장비와 공구는 별도로 확보

▲ 재료

재료 목록
• 해당 사항 없음
※ 재료는 주재료만 제시한 것으로 그 외의 재료는 별도로 확보

〈부록 5〉 진로 및 취업에 도움이 되는 프로그램 및 사이트

■ 도움이 되는 고용노동부 프로그램① 직업 선호도 검사(S형, L형)

직업 선호도 검사(S형, L형)			
서비스 대상자	재학생 전체	주관 부서	고용노동부 한국고용정보원
최적 시기	1, 2학년	서비스 소요 시간	S형 25분 / L형 60분
서비스 제공 시기	연중 상시		
신청 방법 및 절차	• 온라인검사: 워크넷(http://www.work.go.kr) • 오프라인검사: 각 지역 고용센터 방문신청		

프로그램 상세 소개

한국고용정보원 직업심리검사는 개인의 능력과 흥미, 성격 등의 심리적인 특성들이 각 직업에서 요구하는 능력 수준 및 특성에 얼마나 적합한지를 과학적인 방법으로 측정하여 보다 성공 가능성이 높고 만족할 만한 직업들을 탐색하는 검사이다. 청소년(10종)과 성인(13종)을 대상으로 총 23종의 검사가 있으며, 각 검사의 안내를 참조하여 자신에게 필요한 검사를 받을 수 있다.

심리검사 명	검사 시간	실시 가능	검사 안내	결과 예시	검사 실시
직업선호도검사 S형	25분	인터넷, 지필	안내 보기	예시 보기	✓ 검사 실시
직업선호도검사 L형	60분	인터넷, 지필	안내 보기	예시 보기	✓ 검사 실시

–검사는 온라인과 지필검사로 모두 받을 수 있고, 워크넷을 통한 온라인검사는 검사 실시 후 결과표를 즉시 확인할 수 있다.
–지필검사는 가까운 고용노동부 고용센터에서 무료로 실시하고 있다.

직업 선호도 검사(S형) 직업 선호도 검사는 좋아하는 활동, 관심 있는 직업, 선호하는 분야를 탐색하여 여러분의 직업 흥미 유형에 적합한 직업들을 제공해 줍니다.

• 검사 대상: 만 18세 이상
• 검사 시간: 약 25분 소요
• 주요 내용: 개인의 흥미 유형 및 적합 직업 탐색
• 검사 실시 요령:
–시간 제한이 없으며, 자기보고식 응답을 함
–너무 깊게 생각하지 말고 각 문항을 읽고 자신에게 적합한 특성에 표시할 것

검사 실시하기 | 결과 예시보기

	직업 선호도 검사(L형) 직업 선호도 검사는 좋아하는 활동, 관심 있는 직업, 선호하는 분야를 탐색하여 여러분의 직업 흥미 유형에 적합한 직업들을 제공해 줍니다. 검사 실시하기 결과 예시보기 • **검사 대상**: 만 18세 이상 • **검사 시간**: 약 60분 소요 • **주요 내용**: 개인의 흥미 유형 및 성격, 생활사 특성을 측정하며 적합 직업 안내 • **검사 실시 요령**: –시간 제한이 없으며, 자기보고식 응답을 함 –너무 깊게 생각하지 말고 각 문항을 읽고 자신에게 적합한 특성에 표시할 것
함께하면 좋은 관련 프로그램	청년 직업 지도(CAP+) 프로그램

■ 도움이 되는 고용노동부 프로그램② 일경험 프로그램 I: 재학생 직무 체험

<table>
<tr><th colspan="4">일경험 프로그램 I: 재학생 직무 체험</th></tr>
<tr><td>서비스 대상자</td><td>재학생 2, 3학년</td><td>주관 부서</td><td>전국 위탁 운영대학</td></tr>
<tr><td>최적 시기</td><td>3학년</td><td>서비스 소요 시간</td><td>1~3개월</td></tr>
<tr><td>서비스 제공 시기</td><td colspan="3">연중 상시</td></tr>
<tr><td>신청 방법 및 절차</td><td colspan="3">고용노동부 일경험 홈페이지(http://www.work.go.kr/experi)</td></tr>
<tr><td>프로그램
상세 소개</td><td colspan="3">인문 · 사회 · 예체능 계열 대학 2~3학년 재학생들에 대한 산업 현장 일경험 기회 확대를 통해 조기 진로 준비 및 입직 기간 단축 지원
–운영 기관: 1인당 월 1만원 –〉 재해보험 가입 등
–기업: 학습 프로그램 운영 지원(1인당 월 40만 원), 관리자 지원금(1인당 월 7만 원)
–학생: 1인당 약 40만 원+@ 지급
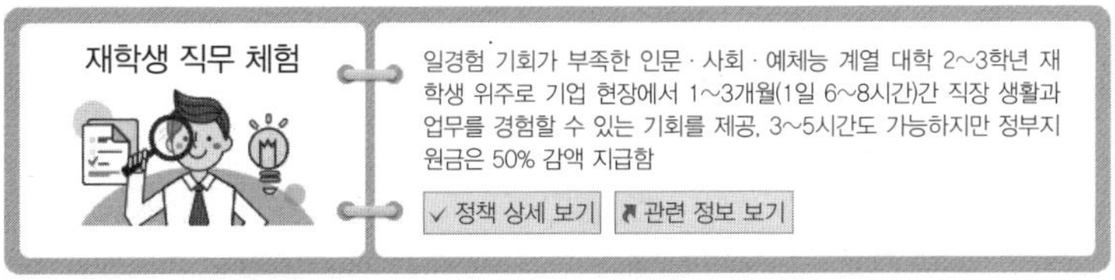

</td></tr>
<tr><td>함께하면 좋은
관련 프로그램</td><td colspan="3">중소기업 탐방 프로그램</td></tr>
</table>

■ 도움이 되는 고용노동부 프로그램③ 일경험 프로그램 II: 중소기업 탐방 프로그램

<table>
<tr><th colspan="4">일경험 프로그램 II: 중소기업 탐방 프로그램</th></tr>
<tr><td>서비스 대상자</td><td>만 15세~34세 미만
미취업 청년
(고교생, 대학 재학생 포함)</td><td>주관 부서</td><td>전국 위탁 운영 기관</td></tr>
<tr><td>최적 시기</td><td></td><td>서비스 소요 시간</td><td>1일 5시간 이상
~ 5일 이내</td></tr>
<tr><td>서비스 제공 시기</td><td colspan="3">연중 상시</td></tr>
<tr><td>신청 방법 및 절차</td><td colspan="3">고용노동부 일경험 홈페이지(http://www.work.go.kr/experi)</td></tr>
<tr><td>프로그램
상세 소개</td><td colspan="3">청년들에게 다양한 직업 세계와 산업 현장의 체험기회 제공 및 우수 강소·중소기업에 대한 정보 제공으로 중소기업 인력 미스매치 해소와 노동시장의 조직 입직 유도

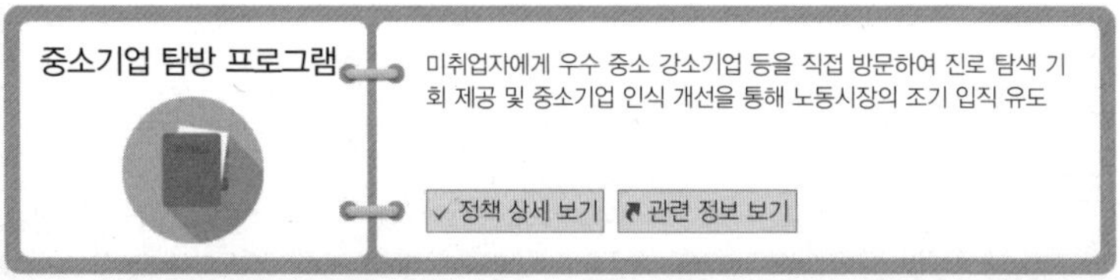

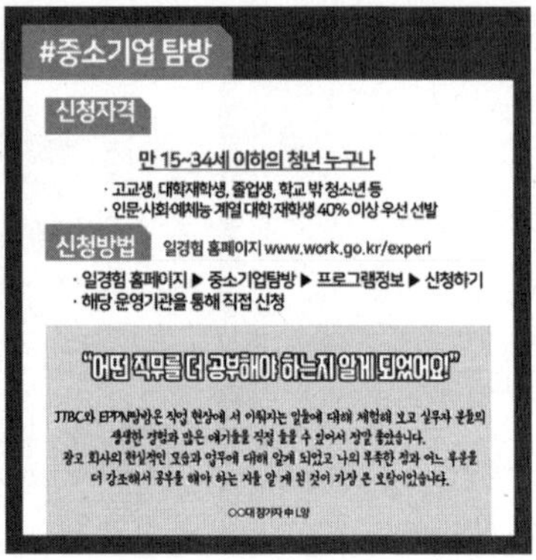
</td></tr>
<tr><td>함께하면 좋은
관련 프로그램</td><td colspan="3">청년 취업 성공 패키지</td></tr>
</table>

■ 도움이 되는 고용노동부 프로그램④ 청년 직업 지도(CAP+) 프로그램

<table>
<tr><th colspan="4">청년 직업 지도(CAP+) 프로그램</th></tr>
<tr><td>서비스 대상자</td><td>재학생 전체</td><td>주관 부서</td><td>고용노동부 고용센터</td></tr>
<tr><td>최적 시기</td><td>2, 3학년</td><td>서비스 소요 시간</td><td>총 24시간</td></tr>
<tr><td>서비스 제공 시기</td><td colspan="3">연중 상시</td></tr>
<tr><td>신청 방법 및 절차</td><td colspan="3">각 지역 고용센터 방문 신청</td></tr>
<tr><td>프로그램
상세 소개</td><td colspan="3">청년 취업 준비생들이 자신의 직업 흥미와 특성을 충분히 이해하고 이를 기반으로 꿈을 설계해 나가는 가운데, 합리적인 진로 및 직업 선택과 취업을 돕기 위해 한국고용정보원에서 개발한 취업 지원 프로그램이다. 만34세 이하의 청년층이 참가할 수 있으며, 진로 탐색과 기업 탐색, 취업 서류의 준비와 실전 모의면접, 취업 성공 요소의 분석을 통한 취업 준비 행동 실천 계획의 수립 등을 통해 취업 준비를 위한 지원을 해 주는 프로그램이다.
−1차수: 진로와 자기 탐색, 경험 및 강점 탐색
−2차수: 의사 결정과 기업 탐색, 취업 상식과 매너
−3차수: 구직 서류 준비, 면접 준비
−4차수: 실전 모의면접, 취업 성공 요소 분석

취업 지원 프로그램

각 지역 고용센터에서는 계층별 구직자 맞춤 취업 프로그램을 운영 중입니다. 자기분석, 취업 자신감 함양, 진로 탐색, 취업 스킬 향상 등 취업에 필요한 다양한 교육 프로그램을 확인해 보시기 바랍니다.
관련 정보 보기

• 청년들에게 꼭 맞는 체험형 교육 프로그램으로 3일~5일간 식사와 간식을 무료로 제공
*이력서 · 자기소개서 클리닉, 모의면접, 취업동아리 구성 등 지원

누가 참여할 수 있나요?
CAP+ 프로그램 | 만19세~34세 청년층 대졸(예정) 취업준비생 | *CAP+ Career Assistance Program Plus • 진로와 자기탐색, 의사 결정과 기업 탐색, 입사 지원 서류 준비, 면접 준비 및 실전 모의면접을 할 수 있는 프로그램

이렇게 참여하세요!
• 워크넷 홈페이지 www.work.go.kr에 로그인 후, 취업 지원 프로그램 중 참여하려는 프로그램명을 선택, 거주지나 학교에서 가까운 고용센터 및 과정을 선택하여 신청
STEP 01 워크넷 → STEP 02 취업 지원 프로그램 → STEP 03 프로그램 선택 → STEP 04 기관 선택 및 과정 찾기 → STEP 05 신청하기</td></tr>
<tr><td>함께하면 좋은
관련 프로그램</td><td colspan="3">직업 선호도 검사</td></tr>
</table>

■ 도움이 되는 고용노동부 프로그램⑤ 단기 집단상담 프로그램

<table>
<tr><th colspan="4">단기 집단상담 프로그램</th></tr>
<tr><td>서비스 대상자</td><td>재학생 전체</td><td>주관 부서</td><td>고용노동부 고용센터</td></tr>
<tr><td>최적 시기</td><td>3, 4학년</td><td>서비스 소요 시간</td><td>3~4시간</td></tr>
<tr><td>서비스 제공 시기</td><td colspan="3">연중 상시</td></tr>
<tr><td>신청 방법 및 절차</td><td colspan="3">각 지역 고용센터 방문신청</td></tr>
<tr><td>프로그램
상세 소개</td><td colspan="3">
–개인적인 사정으로 장기간(3일~5일)의 프로그램 참여가 어려운 이들을 위해, 본인에게 필요한 부분만을 선택하여 수강할 수 있는 집단상담 프로그램의 단기(3~4시간) 과정을 제공
–단기 과정명
<table>
<tr><td>취업 의욕 향상 과정</td><td>행복한 대화 이끌기, 취업 어려움 ,나를 이해하기</td></tr>
<tr><td>기초 직업 능력
향상 과정</td><td>대인관계 능력 향상, 의사소통 능력 향상, 자기개발 능력 향상, 직업윤리</td></tr>
<tr><td>구직 기술
향상 과정</td><td>취업 목표 정하기, 멋진 이력서 · 자기소개서 작성하기, 면접 기술 습득하기 Ⅰ, Ⅱ, 취업 전략 세우기</td></tr>
</table>
단기 집단상담 프로그램

나에게 부족하다고 생각되는 부분만을 선택하여 25명 정도의 그룹으로 3~4시간 참여하는 교육 프로그램
–필요한 여러 과정을 연계하여 수강할 수 있는 체험식 프로그램
*프로그램 특성에 따라 취업 의욕 향상, 기초 직업 능력, 구직 기술 향상 등에 중점을 둔 프로그램으로 구분
✓ 정책 상세 보기 | 관련 정보 보기
이렇게 참여하세요!
• 워크넷 홈페이지(www. work.go.kr)에 로그인 후, 취업도우미를 선택하고 취업지원 프로그램의 단기집단상담 프로그램을 클릭, 거주지나 학교에서 가까운 고용센터 및 희망하는 과정을 선택하여 신청
STEP 01 워크넷 → STEP 02 취업도우미 → STEP 03 취업 지원 프로그램 → STEP 04 단기 집단상담 → STEP 05 프로그램 선택 → STEP 06 센터 및 과정 선택 → STEP 07 신청
</td></tr>
<tr><td>함께하면 좋은
관련 프로그램</td><td colspan="3">청년 직업 지도(CAP+) 프로그램</td></tr>
</table>

■ 도움이 되는 고용노동부 프로그램⑥ 청년 취업 역량 프로그램

<table>
<tr><th colspan="4">청년 취업 역량 프로그램</th></tr>
<tr><td>서비스 대상자</td><td>재학생 전체</td><td>주관 부서</td><td>고용노동부 고용센터</td></tr>
<tr><td>최적 시기</td><td>4학년</td><td>서비스 소요 시간</td><td>24시간</td></tr>
<tr><td>서비스 제공 시기</td><td colspan="3">연중 상시</td></tr>
<tr><td>신청 방법 및 절차</td><td colspan="3">각 지역 고용센터 방문 신청</td></tr>
<tr><td>프로그램
상세 소개</td><td colspan="3">
–청년 취업 준비생들이 스펙 초월 채용 시대에 맞게 지원하려는 회사의 산업 특성과 조직 특성, 직무 특성을 이해하고 직무 능력과 역량 중심으로 구직처를 탐색하고 구직 준비를 할 수 있도록 지원하는 취업 지원 프로그램
–만 34세 이하의 청년층이 주로 참가할 수 있으며, 기업 탐색, 취업 서류의 준비와 실전 모의면접, 취업 준비 성공 요소의 분석 등의 워크숍 과정을 통해 취업에 대한 깊이 있는 이해와 준비를 하려는 청년층을 지원해 주는 프로그램

취업 지원 프로그램
각 지역 고용센터에서는 계층별 구직자 맞춤 취업 프로그램을 운영 중입니다. 자기분석, 취업 자신감 함양, 진로 탐색, 취업 스킬 향상 등 취업에 필요한 다양한 교육 프로그램을 확인해 보시기 바랍니다.
관련 정보 보기

• 청년들에게 꼭 맞는 체험형 교육프로그램으로 3일~5일간 식사와 간식을 무료로 제공
*이력서 · 자기소개서 클리닉, 모의면접, 취업동아리 구성 등 지원

누가 참여할 수 있나요?
<table>
<tr><td>청년 취업 역량 프로그램</td><td>만 19~34세 청년, 청년취업 준비생 및 구직자</td><td>*스펙 초월 채용, 능력 중심 채용 확산에 기반한 역량 기반 채용을 준비할 수 있도록 지원하는 프로그램
• 기업, 업종, 직무의 특성을 이해하고, 나에게 적합한 일자리를 탐색하여, 나의 역량이 그 일자리에 적합한지를 입사 서류와 면접으로 표현, 역량을 더욱 개발하기 위한 계획을 수립하는 프로그램</td></tr>
</table>
이렇게 참여하세요!
• 워크넷 홈페이지 www.work.go.kr에 로그인 후, 취업 지원 프로그램 중 참여하려는 프로그램명을 선택, 거주지나 학교에서 가까운 고용센터 및 과정을 선택하여 신청

STEP 01 워크넷 → STEP 02 취업 지원 프로그램 → STEP 03 프로그램 선택 → STEP 04 기관 선택 및 과정 찾기 → STEP 05 신청하기
</td></tr>
<tr><td>함께하면 좋은
관련 프로그램</td><td colspan="3">고졸(예정) 신규 취업 준비자는 Hi프로그램
대졸(예정) 신규 취업 준비자는 CAP+ 프로그램</td></tr>
</table>

■ 도움이 되는 고용노동부 프로그램⑦ allA(청년 진로 역량 강화) 프로그램

allA(청년 진로 역량 강화) 프로그램			
서비스 대상자	재학생 전체	주관 부서	고용노동부 고용센터
최적 시기	4학년	서비스 소요 시간	24시간
서비스 제공 시기	연중 상시		
신청 방법 및 절차	각 지역 고용센터 방문 신청		

프로그램 상세 소개

–자존감이 낮고 동기부여가 필요한 청년 중, 특히 잦은 취업 실패로 인해 취업 의욕이 꺽이고 자신감이 낮아진 청년들을 위해 개발된 프로그램

–올라 프로그램은 구직 의욕을 잃거나 동기부여가 필요한 청년들에게 새로운 희망과 자신감, 진로 좌표 설정을 지원할 뿐만 아니라 직장 생활에 필요한 의사소통과 대인관계, 협력적 문제 해결에 관련된 능력을 기르는 프로그램

취업 지원 프로그램

각 지역 고용센터에서는 계층별 구직자 맞춤 취업 프로그램을 운영중입니다. 자기분석, 취업 자신감 함양, 진로 탐색, 취업 스킬 향상 등 취업에 필요한 다양한 교육 프로그램을 확인해 보시기 바랍니다.

관련 정보 보기

- 청년들에게 꼭 맞는 체험형 교육프로그램으로 3일~5일간 식사와 간식을 무료로 제공

*이력서 · 자기소개서 클리닉, 모의면접, 취업동아리 구성 등 지원

누가 참여할 수 있나요?

All–a (청년 역량 강화 프로그램)	장기실직 청년, 니트족, 취업 의욕이 낮은 청년	*All–a: '오르다'라는 뜻으로, '날아 올라', '뛰어 올라. '박차고 올라' 등의 희망적인 에너지를 담고 있으며, 영문명 All–a는 모두 a라는 뜻으로 우리 모두 최고(A)인 사람이라는 뜻 • 직장 생활에 필요한 의사소통과 대인관계, 협력적 문제 해결에 관련된 능력을 기르는 프로그램

이렇게 참여하세요!

- 워크넷 홈페이지 www.work.go.kr에 로그인 후, 취업지원 프로그램 중 참여하려는 프로그램명을 선택, 거주지나 학교에서 가까운 고용센터 및 과정을 선택하여 신청

STEP 01 워크넷 → STEP 02 취업 지원 프로그램 → STEP 03 프로그램 선택 → STEP 04 기관 선택 및 과정 찾기 → STEP 05 신청하기

함께하면 좋은 관련 프로그램	청년 취업 역량 프로그램

■ 도움이 되는 고용노동부 프로그램⑧ 청년 취업 성공 패키지

청년 취업 성공 패키지			
서비스 대상자	4학년 졸업 예정자 및 졸업생	주관 부서	전국 청년 취업 성공 패키지 운영 기관
최적 시기	4학년 졸업 예정자	서비스 소요 시간	24시간 이상
서비스 제공 시기	연중 상시		

신청 방법 및 절차

전국 청년 취업 성공 패키지 운영 기관에 신청
운영 기관 검색: http://www.work.go.kr/pkg/young

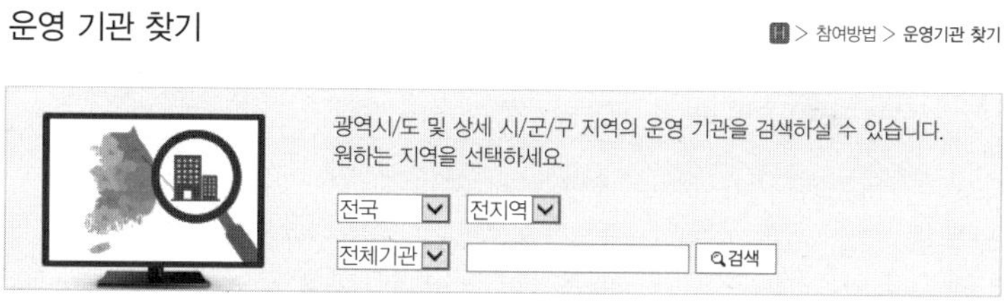

프로그램 상세 소개

–청년을 위한 유형별 개인 맞춤형 일자리 지원으로 '진단 및 상담→의욕 증진 및 능력 개발→알선'에 이르는 취업의 全 과정을 통합 제공하는 단계별 취업 지원 프로그램

–개인별 취업 활동 계획(IAP)을 수립하고, 그 진단에 따라 취업 의욕 및 근로 능력 증진을 위한 취업 지원과 대상자의 노동 시장 진입 촉진을 위한 적극적이고 실질적인 취업 알선을 실시

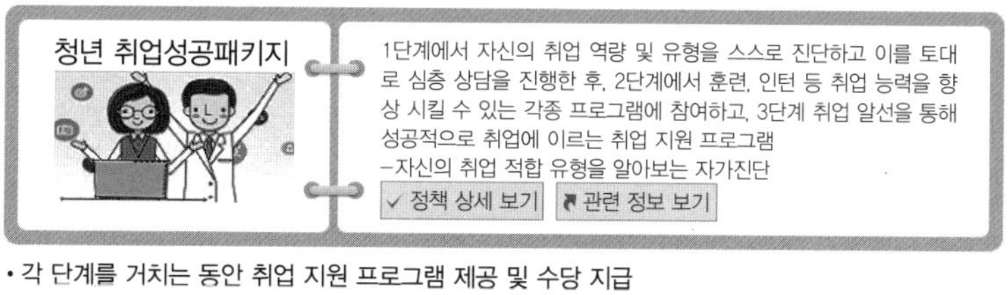

• 각 단계를 거치는 동안 취업 지원 프로그램 제공 및 수당 지급

구분	취업 지원 프로그램	수당
1단계	자가진단 및 심층 상담	참여 수당(최대 20만 원) –기본지급액 15만 원, 집단상담프로그램 참여 시 5만 원 추가 지급
2단계	직업훈련, 인턴 등 직무 능력 향상 프로그램	훈련 참여 지원 수당(월 최대 28.4만 원) –1일당 1.8만 원, 월 28.4만 원 한도(최대 6개월)
3단계	취업 알선 서비스	방문 참여자 대상(참여수당 지급) –월 1회 2만 원, 최대 6만 원

<table>
<tr><td></td><td>

이렇게 참여하세요!

• 워크넷 홈페이지(www. work.go.kr)에 로그인 후, 취업도우미를 선택하고 취업 지원 프로그램의 단기 집단상담 프로그램을 클릭, 거주지나 학교에서 가까운 고용센터 및 희망하는 과정을 선택하여 신청

STEP 01 워크넷 → STEP 02 취업도우미 → STEP 03 취업 지원 프로그램 → STEP 04 단기 집단상담 → STEP 05 프로그램 선택 → STEP 06 센터 및 과정 선택 → STEP 07 신청

</td></tr>
<tr><td>함께하면 좋은 관련 프로그램</td><td>중소기업 탐방 프로그램, 국가전략 직업훈련 과정</td></tr>
</table>

■ 진로 탐색에 도움이 되는 사이트①

사이트 주소	특징
http://www.work.go.kr (워크넷)	• 무료 진로 심리 검사 제공 • 심리 검사 결과를 바탕으로 자신에게 적합한 추천 직업 찾기 가능 • 무료 온라인 진로 상담 가능 • 대학 전공별 진로 가이드 제공

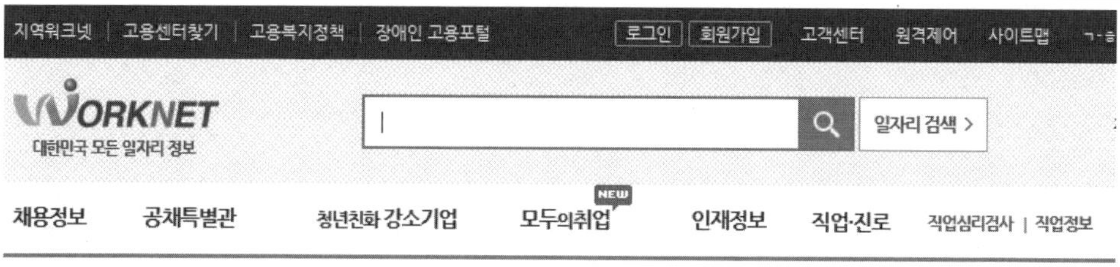

사이트 주소	특징
http://www.career.go.kr (커리어넷)	• 무료 진로 심리 검사 제공 • 진로 교육 자료 제공 • 무료 온라인 진로 상담 가능 • 다양한 진로 관련 동영상 제공

■ 직업 이해에 도움이 되는 사이트②

사이트 주소	특징
http://www.work.go.kr (워크넷)	• 한국직업정보 시스템(한국직업사전) • 유망 직업, 이색 직업 검색 가능

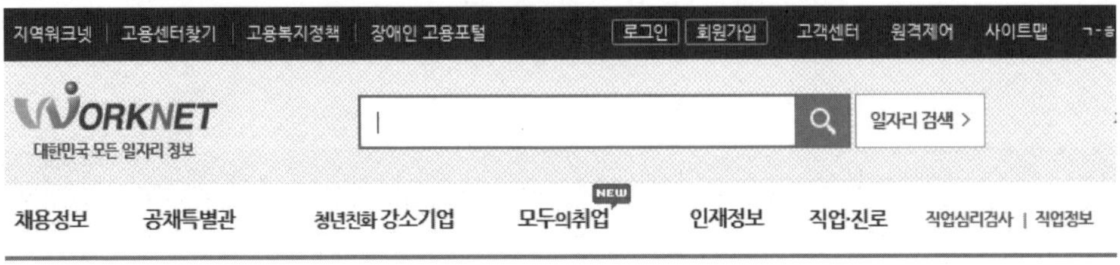

http://www.career.go.kr (커리어넷)	• 직종별 직업 정보 탐색 가능 • 해외 신직업 정보 검색 가능

http://www.saramin.co.kr (사람인)	• 직업사전

■ 직무를 이해하는 데 도움이 되는 사이트③

사이트 주소	특징
http://www.saramin.co.kr (사람인)	• 사람인(자료통)

http://www.jobkorea.co.kr (잡코리아)	• 잡코리아(좋은일연구소) ⇒ 직무 인터뷰 제공
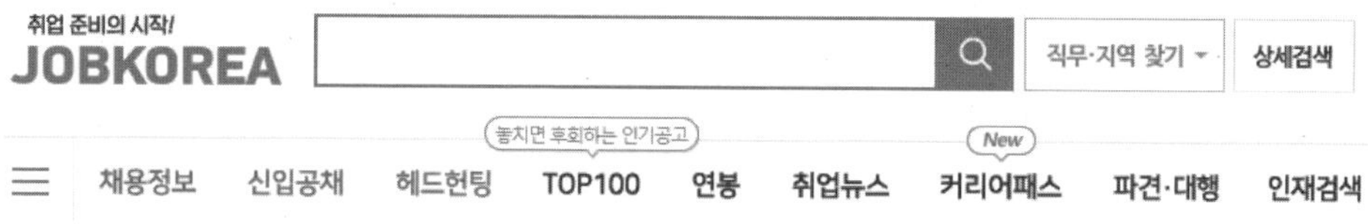	
http://www.jobdam.net/ (잡담)	• 기업직무사전

http://www.joberum.com/ (잡이룸)	• 직무사전 • 적성직무
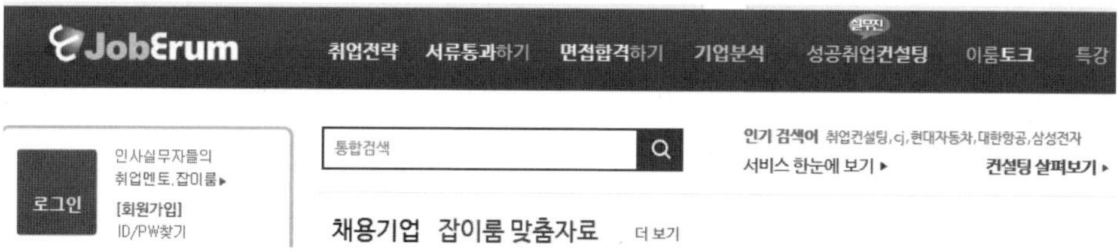	

■ 기타 진로 탐색 및 취업 활동을 위해 도움이 되는 사이트④

사이트 주소	특징
https://www.jobplanet.co.kr/ (잡플래닛)	기업 정보 검색 및 리뷰
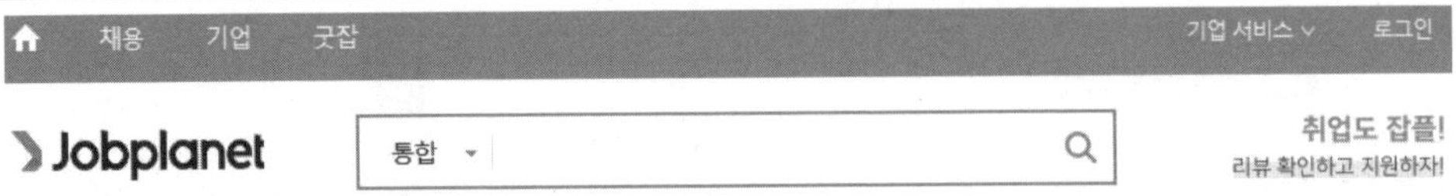	
http://cafe.naver.com/outcampus (컴퍼즈)	대외활동

참고문헌

강규형(2013). 성과를 지배하는 바인더의 힘. 서울: 스타리치북스.

교육부, 한국연구재단, 한국청년기업가정신재단(2015). 창업교육 이슈페이퍼. 서울: 한국청년기업가정신재단.

교육통계연구센터(2016). 2016 교육통계분석 자료집. 충북: 교육통계 연구센터.

권미경, 유정은, 신수희, 강희승, 탁은하, 안성수, 최경숙 ,류수정, 유리나, 김장욱, 황은희, 함영희, 최윤주, 이윤혜, 이정욱(2016). NCS 직무가이드. 경기: 커리어컨설팅.

권우진(2011). 스토리텔링을 적용한 자기소개 연구. 작문연구, 13, 255-279.

권창미, 송창백(2016). 대학생의 자기계발을 위한 대학 생활과 진로 탐색. 서울: 학지사.

김순향(2017). 인성과 진로 및 취업설계. 서울: 한올.

김승렬, 곽진조, 송진영(2017). NCS 기반 취업과 진로. 경기: 교문사.

김영학(2016). 4차 산업혁명시대의 지적교육 방향. 한국지적정보학회지, 18(3), 35-49.

김인기(2017). 행복한 삶을 위한 준비 진로 탐색과 미래설계. 경기: 양서원.

김인기, 이향정(2016). 성공취업진로. 경기: 양서원.

김인숙, 남유선(2016). 4차 산업혁명, 새로운 미래의 물결. 서울: 호이테북스.

김정원, 김경애, 박인심, 이경아(2011). 교육복지우선지원사업 지원 인력의 핵심 직무와 역량 탐색. 한국교육, 38(3), 241-268.

김형석, 김성훈(2014). 효율적 커뮤니케이션을 위한 프레젠테이션 스토리텔링에 관한 연구. 한국디자인문화학회지, 20(3), 177-187.

남미정(2015). 진로취업 매뉴얼. 서울: 학지사.

단대신문(2012.04.12). 시사터티 17. 대학생의 현실과 미래를 묻다.

매일경제(2016. 5. 22.). AI시대 사라질 직업 탄생할 직업. news.mk.co.kr/newsRead. php/?no=317376&year=2016

매일경제(2018. 4. 2.). 대기업 인 · 적성 시험, 7일 LG '스타트'. http://news.mk.co.kr/newsRead.php?year=2018&no=210454

박문각 시사상식편집부(2014). 시사 상식 핵심 용어事전. 서울: 박문각.

박선영(2003). 여성용 직업카드분류의 개발에 관한 연구. 한국기술교육대학교 대학원 석사학위 논문.

송원영, 김지영(2009). 커리어 포트폴리오를 통한 대학생의 진로 설계. 서울: 학지사.

어진희(2015). 대학생의 진로 의사 결정 유형과 진로결정수준의 관계에서 사회적 지지의 조절효과. 명지대학교 대학원 석사학위 논문.

연합뉴스(2017. 3. 30.). 4월은 대기업 인·적성 검사 시즌, 4대 그룹 모두 시행. http://www.yonhapnews.co.kr/bulletin/2017/03/29/0200000000AKR201703291496 00003.HTML

이데일리(2014. 10. 13.). 신계급 연봉: 행복은 연봉순이 아니잖아요. http://www.edaily.co.kr/news/NewsRead.edy?SCD=JG31&newsid=01256246606252592&DCD=A00703&OutLnkChk=Y

이투데이(2015. 3. 19.). 글로벌 리더: '승부사'손정의 회장의 '마지막 도전 시작됐다'. http://www.etoday.co.kr/news/section/newsview.php?idxno=1093138#csidx5734a7cb6b405b4874d2391c5e2f249

이향정, 김인기, 김상희(2011). 성공취업을 위한 실전 취업진로 멘토링. 충남: 백석문화대학.

이형국, 권오관, 최윤경(2015). 역량기반진로 설계. 서울: 한올.

임춘택(2013). 청소년과 대학생을 위한 창의적 글쓰기 교육법: 상상놀이 스토리텔링. 경기: 이담Books.

장용진(2017). 절박함이 기적을 만든다. 경기: 좋은책만들기.

조상식(2016). '4차 산업혁명'과 미래 교육의 과제. 미디어와 교육, 6(2), 152-185.

조성진(2015). 진로 설계와 코칭리더십. 경기: 정민사.

조정래(2013). 스토리텔링 멘토링: 교사와 학부모를 위한 스토리텔링 교수법. 경기: 행복한 미래.

중앙일보(2016. 1. 20.). 전 세계 7세 아이들 65%는 지금 없는 직업 가질 것. news.joins.com/article/19441065

진재한, 안진호(2017). 디자인, 4차 산업혁명을 준비하다. KEIT PD Issue Report, 16, 34-45.

최석규, 강화명, 김민지, 안연희, 이태현(2016). 교양필수 교과목 동기유발을 위한 하브루타식 교수법 연구. 한국 교양교육학회 학술대회 자료집, 517-537.

최옥현(2006). 대학생의 애착관계 및 유형과 진로 탐색효능감이 진로발달에 미치는 영향. 숙명여자대학교 대학원 박사학위 논문.

한국고용정보원(2014). 청년층 직업 지도 프로그램 CAP+. 충북: 한국고용정보원.

한국고용정보원(2017). 2017 하계 대학 교직원 직업진로 지도 과정. 미간행 자료.

한국기업교육학회(2010). HRD 용어사전. 서울: 중앙경제.

한국심리학회(2014). 심리학용어사전.

현대경제연구원(2016). 4차 산업혁명의 등장과 시사점. 새로운 경제시스템 창출을 위한 경제주평. 705, 4.

황매향, 김연진, 이승구, 전방연(2011). 진로 탐색과 생애설계. 서울: 학지사.

황매향, 김연진, 이승구, 전방연(2016). 진로 탐색과 생애설계(2판). 서울: 학지사.

Harren, V. A. (1979). A model of career decision making for college students. *Journal of Vocational*

Behavior, *14*(2), 119-133.

Schwab, K. (2016). **클라우스 슈밥의 4차 산업혁명**[*The Fourth Industrial Revolution*]. 송경진 역. 서울: 새로운 현재. (원저는 2016년에 출판).

참고 사이트

4차 산업혁명의 정의: https://ko.wikipedia.org/wiki/%EC%A0%9C4%EC%B0%A8_%EC%82%B0%EC%97%85_%ED%98%81%EB%AA%85

게임잡: http://www.gamejob.co.kr

광고정보센터: http://www.adic.or.kr

국가직무능력표준: http://www.ncs.go.kr

금융감독원 전자공시: http://dart.fss.or.kr

기업은행잡월드: http://www.ibkjob.co.kr

나무위키 바보이반줄거리 https://namu.wiki/w/%EB%B0%94%EB%B3%B4%20%EC%9D%B4%EB%B0%98

대인관계 패턴 양식-조해리의 창 http://m.blog.daum.net/goog_news/1365

데즈잡: http://djob.jobkorea.co.kr

디자인잡: http://designjob.co.kr

락's 캠퍼스라이프 취업해락-진로고민: https://www.kbrockstar.com/archives/ 123469

리크루트: http://www.recruit.co.kr

메드닥터: http://www.meddoctor.co.kr

메디잡: http://www.medijob.cc

미디어잡: http://www.mediajob.co.kr

바보 이반 줄거리: https://namu.wiki/w/%EB%B0%94%EB%B3%B4%20%EC%9D%B4%EB%B0%98

벨라샵: http://www.bellashop.co.kr

병원잡: http://www.byeongwonjob.com

복지사잡: http://www.bokjisajob.com

사람인: http://www.saramin.co.kr

서울산업진흥원: http://www.sba.seoul.kr

스카우트: https://www.scout.co.kr

알리오: http://alio.go.kr

워크넷: http://www.work.go.kr

위키백과사전 https://ko.wikipedia.org

유아교육 구인구직: http://job.kidkids.net

음악강사잡: http://musicjob.co.kr
의사 결정의 정의: https://ko.wikipedia.org/wiki/%EC%9D%98%EC%82%AC%EA%B2%B0%EC%A0%95
이커리어: www.ecareer.co.kr
인크루트: http://www.incruit.com
자기개발능력: 자아인식-자아인식의 개념 및 자아를 인식하는 방법 http://www.matew.com/2016/05/1_30.html
자기-분석하는 법 https://ko.m.wikihow.com/%EC%9E%90%EA%B8%B0-%EB%B6%84%EC%84%9D%ED%95%98%EB%8A%94-%EB%B2%95
자아인식의 개념 및 자아를 인식하는 방법: http://www.matew.com/2016/05/1_30.html
잡이룸: http://www.joberum.com
잡코리아: http://www.jobkorea.co.kr
잡플래닛: https://www.jobplanet.co.kr
조해리 창의 대인관계 패턴 양식: http://m.blog.daum.net/goog_news/1365
조해리 창의 대인관계와 자기인식 점검 표: http://onetego.tistory.com/357
조해리 창의 자아 구성 요소: http://kiyoo.tistory.com/391
중소기업현황 정보시스템: http://sminfo.mss.go.kr
직업훈련포털 HRD-Net: http://www.hrd.go.kr
캐리어넷: http://www.career.net
커리어넷: http://www.career.go.kr
큐넷: http://www.q-net.or.kr
키즈맘: http://www.kizmam.co.kr
태권도닷컴: http://taekwondodot.com
태권도잡: http://www.태권도잡.com
푸드앤잡: http://www.foodnjob.com
피플앤잡: http://www.peoplenjob.com
하브루타를 수업에 적용하기: http://www.educloud.co.kr/archives/14705
하이브레인넷: http://www.hibrain.net
한국가이던스: http://www.guidance.co.kr
한국고용정보원: http://keis.or.kr
한국기업평가: http://www.korearatings.com
한국신용평가: http://www.kisrating.co

저자소개

주석진(Ju, Seok-jin)
숭실대학교 대학원 석사(사회복지방법론 전공)
숭실대학교 대학원 박사(사회복지방법론 전공)
현 고신대학교 아동복지학과 교수

〈주요 저서〉
인터넷중독과 학교사회복지실천(이담북스, 2011)
청소년복지론(공저, 정민사, 2016)
학교사회복지론 개정판(공저, 양서원, 2016)
학교사회복지론(공저, 양서원, 2013)

〈주요 논문〉
부산지역 교육복지사의 직무분석에 관한 연구(사회과학연구, 2017)
학교사회복지사의 전문직 정체성에 미치는 요인: 개인특성요인과 직무환경특성요인을 중심으로(학교사회복지, 2016)
학교 내 사회복지사의 소진에 영향을 미치는 위험요인과 보호요인(학교사회복지, 2015)

권수혜(Kwon, Su-hye)
Utrecht University Applied Science 대학원 석사(간호학 전공)
고신대학교 대학원 박사(간호학 전공)
현 고신대학교 간호학과 교수

〈주요 저서〉
성인간호학(공저, 파시픽북스, 2017)
노인간호학(공저, Elsevier, 2015)
핵심 건강사정 임상증상별 접근(공저, 수문사, 2015)
간호와 다문화 역량(공저, 수문사, 2014)

〈주요 논문〉
요양병원 간호사의 셀프리더십과 자기효능감이 간호업무성과에 미치는 영향(노인간호학회지, 2016)
호스피스 완화병동 간호사의 말기암환자 돌봄 경험(Asian Oncology Nursing, 2015)
시설입소 치매부모를 돌보는 자녀들의 경험(Journal of Korean Academy of Nursing, 2014)

김세광(Kim, Se-kwang)
명지대학교 대학원 석사(청소년지도학 전공)
명지대학교 대학원 박사(청소년지도학 전공)
현 고신대학교 기독교교육과 교수

〈주요 저서〉
청소년기업가 정신에 기반한 벤처스타(공저, 세창출판사, 2017)
청소년 프로그램 개발과 평가(공저, 신정, 2015)
청소년을 위한 멘토링의 이해와 실제(공저, 학지사, 2014)
회복적 정의와 실제적 대처방안을 위한 학교폭력 예방 및 대책(공저, 학지사, 2014)

〈주요 논문〉
다문화 공감교육 실천 사례 연구: 비폭력대화와 회복적 정의를 중심으로(2017, 초등도덕교육)
대학생을 위한 회복적정의 교과목 개발 (2015, 한국기독교신학논총)
스마트 시대의 청소년 시민역량 함양 프로그램개발 (2014, 학교사회복지)

이나핼(Lee, Na-Hael)
단국대학교 대학원 석사(작업치료 교육전공)
인제대학교 대학원 박사(작업치료 전공)
현 고신대학교 작업치료학과 교수

〈주요 역서〉
노인작업치료학(공역, 정담미디어, 2013)
Trombly's 작업치료학(공역, 한미의학, 2009)
소아작업치료(공역, 이퍼블릭, 2008)

〈주요 논문〉
주의력결핍과잉행동 장애아동의 Test of Playfulness신뢰도 연구(2016, 대한감각통합치료 학회지)
장애아동부모의 재활치료기간 선택경험에 대한 현상학적 연구(2014, 대한작업치료학회지)
주의력결핍과잉행동 장애아동의 중재방법과 측정도구에 관한 체계적 고찰(2014, 대한감각통합치료학회지)

김미애(Kim, Mi-ae)
중앙대학교 대학원 석사(광고홍보 전공)
중앙대학교 대학원 박사(광고홍보 전공)
현 고신대학교 광고홍보학과 교수

〈주요 저 · 역서〉

한국언론 100년사(공저, 사단법인 한국언론인연합회, 2006)

광고와 설득커뮤니케이션(공역, 커뮤니케이션북스, 2007)

노인소비자 마케팅(공역, 시그마프레스, 2003)

〈주요 논문〉

우리나라 비영리조직의 현황 및 PR실태에 관한 종단연구(2016, 마케팅커뮤니케이션연구)

시니어소비자 광고전략 개발을 위한 학계와 업계의 역할(2016, 한국언론학회)

영도스토리텔링100선을 활용한 문화관광기념품 개발(2015, 영도영구)

진로취업 멘토링

Career & Job mentoring

2018년 8월 25일 1판 1쇄 인쇄
2018년 8월 30일 1판 1쇄 발행

지은이 • 주석진 · 권수혜 · 김세광 · 이나핼 · 김미애
펴낸이 • 김진환
펴낸곳 • (주) 학지사
04031 서울특별시 마포구 양화로 15길 20 마인드월드빌딩
대표전화 • 02-330-5114 팩스 • 02-324-2345
등록번호 • 제313-2006-000265호

홈페이지 • http://www.hakjisa.co.kr
페이스북 • https://www.facebook.com/hakjisabook

ISBN 978-89-997-1347-7 93370

정가 15,000원

이 도서의 국립중앙도서관 출판시도서목록(CIP)은 서지정보유통지원시스템 홈페이지(http://seoji.nl.go.kr)와 국가자료공동목록시스템(http://www.nl.go.kr/kolisnet)에서 이용하실 수 있습니다.
(CIP 제어번호: CIP2018025730)